ITALIAE MEDIEVALIS HISTORIAE XII

Racconti inediti liberamente ispirati al Medioevo

I0510225

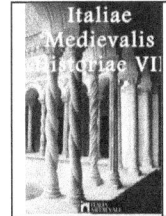 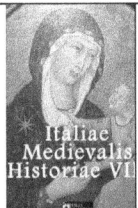 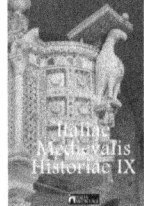 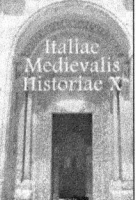 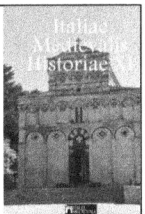

Italia Medievale © 2022

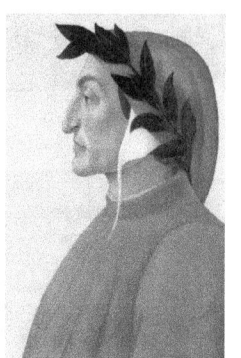

Sandro Botticelli, Dante Alighieri, tempera su tela, 1495, Ginevra collezione privata

I dolori del giovane Dante e le vere origini della *Comedia*

di **Federico Fuggini**

A quei tempi, intendo a Firenze nel 1274, per un ragazzino, innamorarsi era molto complicato.

Punto primo: se ti scoprivano mentre le scrivevi eran capaci di mandarti in collegio magari in uno di quelli verso Perugia che, in quanto a sacrifici della carne, mica scherzavano.

Punto secondo: se intercettavano il messo che avevi incaricato di recapitare il messaggio rischiavi di trovarti sotto casa tutta la famiglia di lei, armata di spade e bastoni, pronta a difendere la virtù e l'onore della figlia.

Punto terzo: se eri così fortunato da riuscire a scriverle un messaggio e farglielo avere di nascosto, poi chi ti diceva che quella lo sapesse leggere? Tanta fatica perché dopo, dovendosi lei far aiutare nella lettura da una dama di compagnia, in un attimo lo venisse a sapere tutta Firenze.

No, il giovinetto Durante, anzi, Dante, come familiarmente veniva appellato, di soli nove anni ma già di bell'ingegno, a cacciarsi nei guai proprio non ci teneva, quindi di scrivere una lettera alla bella Beatrice Portinari, non se ne parlava proprio, lui cercava altre strade.

È qui il caso di narrare come si svolse quell'incontro che avrebbe segnato la vita di questo ragazzino *biondo, bello e di gentile aspetto*, additato in città come esempio di talento ed intelletto.

Come ogni domenica mattina in casa Alighieri era tutto un frugar di bauli, uno sbatter di porte ed un imprecare:

"Per la Santissima Vergine! Moglie! possibile che non trovo mai i calzoni dove li metto la sera prima di coricarmi? Possibile che debba acconciarmi come un bovaro per andare a Messa perché non trovo le mie vesti?"

"In nome del nostro Signore e delle sue santissime piaghe, Alighiero, calmati! I Calzoni erano tutti sdruciti sulle terga e li ho dati alla serva perché li rammendasse, mettiti quelli turchese che ti fan sembrare più magro!"

"Quelli turchesi? Ma per la Bontà di Gesù Santissimo Benedetto, o che tu voi che tutta la città rida al mio passaggio? Perché tu fai sempre tutto senza avvertirmi? Te e quella serva insolente! Un bel paio di nerbate gli ci vorrebbero a quella! Oh, ma quando torniamo ci penso io! Madonna Benedetta se ci penso! E quello sciagurato di nostro figliuolo, dove gli è? Ancora sui libri o ci farà la grazia d'esser pronto? Durante!"

"Figliuolo!"

"Danteeeeee!"

"Sono pronto, padre!, Arrivo"

Insomma, una normale domenica mattina, noiosa al punto giusto come poteva esserlo una messa a Santa Maria Novella con tanto di prefazio, epistola, evangelo, omelia e benedizione solenne.

In chiesa gli Alighieri avevano il loro banco riservato, abbastanza avanzato nella navata centrale, visto che il padre, anche se in privato non eccelleva per le buone maniere, con il suo lavoro di cambiavalute era comunque riuscito ad assicurare alla famiglia una posizione abbastanza agiata.

Il figlio, invece, amava le lettere e le arti, sapeva di latino e di poesia e tutti lo definivano un inguaribile sognatore, capace di osservare per ore la volta della basilica inventandosi storie sulle figure ritratte negli affreschi e tornando in sé solo quando il padre, masticando un'imprecazione, lo richiamava per alzarsi a cantare il salmo con una potente gomitata nei fianchi o scuotendolo come un fantoccio.

I parenti avevano pensato per lui una carriera militare, ma era gracile come un passero, una religiosa, ma in chiesa spesso si addormentava, quindi erano quanto mai perplessi sul futuro di un così strambo figliuolo e la madre aveva segretamente commissionato una serie di novene a delle pie donne perché la Vergine lo illuminasse prima che il babbo lo prendesse a cinghiate.

La messa *già volgeva il disio ai predicanti* ma Dante era ancora rapito nelle sue fantasie che comprendevano angeli, beati, madonne trionfanti e volte stellate nelle quali risuonavano i cori celesti. Fu la voce del celebrante che recitava "Ite, missa est" al quale il padre rispose con un "Deo gratias" particolarmente soddisfatto al quale unì di sua sponte un risoluto calcio negli stinchi del figlio per riportarlo sulla terra. Si bagnarono le dita nell'acquasantiera e si avviarono all'uscita, pronti ad affrontare la schiera di mendicanti che li stavano attendendo per chieder loro la questua.

Dante aveva già pronta una moneta e stava per darla ad uno storpio quando, spinto da chi gli stava dietro, gli cadde di mano: fu una ressa di corpi, bastoni, esseri sciancati e deformi che lottavano come belve per quel soldo che gli era sfuggito. Fu un groviglio di *diverse lingue, orribili favelle, parole di dolore, accenti d'ira* che lo paralizzò impedendogli qualsiasi reazione.

Un attimo dopo una voce, certamente un angelo.

"Credo che questa moneta sia tua"

A Durante di Alighiero degli Alighieri il cuore si fermò e per un eterno istante contemplò il paradiso senza poter rispondere, smarrito negli occhi che lo stavano fissando: *tanto gentile e tanto onesta* gli pareva...

"E' tua questa moneta? Ti è caduta?"

"La moneta..."

"Si, questa" lei tendeva la mano e lui da quella mano si sarebbe fatto condurre anche all'inferno.

"La moneta...no...gli è che la moneta era per l'elemosina"

"Ti è scappata di mano, vero? Tieni"

Riuscì a mettergliela sul palmo senza neppure toccarlo.

In quel preciso momento Dante capì che gli angeli esistevano davvero, non solo negli affreschi della basilica, ma a Firenze! A pochi passi da casa sua! Meditava queste cose mentre, silenzioso, rientrava in casa, seguito dal padre che ancora sbraitava per la figura da capra che aveva fatto davanti alla chiesa quel figliuolo così imbranato.

Seguirono giorni fatti di sospiri, sguardi assenti senza appetito. La madre, intuito cosa lo turbava, una sera a cena osò parlarne al marito.

Quello, soffocando un rutto che gli saliva dal ventre, *la bocca sollevò dal fiero pasto* e sbottò:

"Per la Santissima Croce, Madonnina bella e benedetta, ecco cos'ha! Il bruco ha bucato il bozzolo e vuol mutarsi in farfalla! Gli ci vuole una femmina, benedetto San Giuseppe e la sua Maria! Una bella puledra da metterci le briglie!"

"Non è proprio come tu dici: nostro figlio ha un animo delicato, fatto *per seguir virtute e canoscenza ...*"

"Si, la canoscenza delle belle donne! S'è fatto omo, s'è fatto, benedetto San Rocco e i suoi fratelli!

All'udir queste parole dalla sua camera, gli fu chiaro che i suoi genitori non gli sarebbero stati d'alcun aiuto per guarire dal suo mal d'amore, poteva contare solo su sé stesso e sulla divina misericordia.

La grande timidezza gli impediva di pensare a lettere, serenate, appuntamenti notturni, omaggi e ambasce, tutte cose che per i suoi compagni facevano parte del classico corteggiamento fiorentino.

Non sapeva dove sbattere la testa, finché la testa non la sbatté davvero, scivolando sul pavimento del pianterreno che Ciacco, il servo, stava finendo di lavare. Stava per alzare il braccio e mollargli uno schiaffo, come gli aveva detto il padre bisognava fare in questi casi quando, sollevando gli occhi da terra, lo osservò da una nuova prospettiva: forse per la prima volta, pensò Dante, Ciacco poteva rivelarsi un valido alleato.

Ciacco una cosa sola sapeva fare: lavorare.

E lavorava sempre, tranne la domenica, quando si ritirava nella sua stanza e nessuno sapeva bene cosa facesse.

Chi diceva che si ubriacasse, chi giurava di averlo visto accompagnarsi a leggiadre ragazze giù verso Santa Croce, chi, infine, che si occupasse di magia e avesse frequentato Ismaele Cain, colui che conosceva le segrete virtù delle erbe che raccoglieva durante i suoi viaggi e sapeva preparare pozioni e filtri noti a lui solo.

Lo avvicinò un pomeriggio di sabato mentre i genitori erano andati in visita a dei parenti a Fiesole e lui, fingendo di star poco bene, era riuscito a convincerli a lasciarlo a casa.

Dante non perse tempo e sorprese Ciacco mentre stava schiacciando i ragni negli angoli della cucina.

"O Ciacco, gli è vero quel che si dice? Che siete amico di Ismaele l'erborista? O che son 'ste bischerate?"

"Che voi dite, messer Durante? Ismaele? Si, mi guarì da grandissima malattia!"

"Che tu avevi? La gotta? O ti spuntava il dente del giudizio?"

"Suvvia messer Durante, non celiate, avevo grandissimo mal d'amore, ma Ismaele subitamente m'ha guarito, benedetto lui e li morti suoi!"

Cercando di restar calmo e celare l'interesse per l'argomento Dante continuò:

"Mal d'amore, Ciacco? Ma questo male non si guarisce con null'altro che l'amore stesso, a niente servon le tisane e gli intrugli, non lo sapete, Ciacco?"

"Dite bene, messer Durante, ma vi assicuro che con me ha funzionato. Ero invaghito d'una bellissima serva che sapevo esser presso messer Giovanni Cerusico ma ella già tre volte mi respinse, finché non ricorsi ad Ismaele"

"Ed Ismaele che vi disse?"

"Ci andai appena seppi che stava avvicinandosi a Firenze. Un'erba mi diede, da metter sotto il cappello. Io lo feci e il mal d'amore s'è prestamente risolto ed ora amo, riamato, la bella Costanza, serva di messer Giovanni Cerusico!"

"Siete un uomo fortunato, Ciacco, buon pro vi faccia!"

E salì in camera sua a pensare.

Quando i suoi tornarono da Fiesole Dante aveva ormai risolto: avrebbe incontrato Ismaele per farsi dare la stessa erba di Ciacco da metter sotto il cappello e quindi alla prima occasione si sarebbe incontrato con la giovine Portinari.

Attese qualche giorno finché, con la scusa di andare al mercato a prender la frutta, fece una breve deviazione ed uscì dalla città per andare nel luogo dove Ciacco gli aveva detto stesse soggiornando Ismaele prima di riprendere il suo viaggio.

Appena vide la tenda capì di essere arrivato nel posto giusto. Da essa uscì un uomo molto alto ma chiaramente zoppo da una gamba, era anche vistosamente gobbo, gli ricordava certi dipinti che aveva visto nelle botteghe dei pittori fiorentini, aveva i capelli neri il viso segnato da una vasta cicatrice.

A Dante fece una certa impressione, poi pensò al motivo per il quale era venuto fino a lì, quindi s'inchinò davanti alla strana figura iniziando un discorso che s'era imparato a memoria:

"Signore, perdonate, mi chiamo Durante, mio padre è Alighiero degli Alighieri, esattore della città di Firenze, vogliate scusare la mia insolenza ma avendo saputo del vostro passaggio in città non ho potuto fare a meno di venire ad incontrarvi, con la speranza che possiate recar conforto alle mie pene"

La possente figura lo guardava accennando qualcosa che a Dante parve una specie di sorriso.

"Tanta caparbietà va premiata, parla, ragazzo, che ti angustia? Ma prima dimmi in verità: tuo padre sa che sei qui?"

"Mio padre, dite? No, ecco, io non volevo che stesse in pensiero e son venuto per mio conto"

"Lo immaginavo, sei un ragazzo coraggioso, orsù, animo! Cosa ti turba? Il mal d'amore?"

"Mal d'amo...ma voi, come sapete che io..."

"Figliuolo, anch'io sono stato giovane e so di *amor, ch'a nullo amato amar perdona.* Esso, appunto, ti ha condotto da me, sbaglio?"

"Non sbagliate affatto, Ciacco, il mio servo, mi disse che voi conoscete un'erba in grado di sollevarmi da questa pena che si fa ogni giorno più pesante"

Ancora una volta gli sembrò che Ismaele stesse sorridendo, lo vide allungare una mano verso il suo viso come per fargli una carezza, ma poi la ritrasse.

"Tu parli del Viscum Album, quello qui a Firenze chiamate, mi pare, vischio, giusto?"

"Il vischio, si, il vischio, certo, l'ho veduto anche su alcuni alberi in Firenze"

"Esso cresce sui pioppi, sulle querce delle *selve oscure* financo su olmi e tigli. Procurati un ramo di Viscum che sia cresciuto su una quercia e mettilo sotto il cappello..."

Dante non stava più nella pelle:

"E poi, e poi?"

"Poi, con grande attenzione potrai avvicinare la fanciulla che ti ha rapito il cuore e baciarla, da quel momento lei sarà per sempre unita a te con forte nodo d'amore, ma bada..."

Dante era già lontano, aveva fatto un inchino a dir poco ridicolo e volava letteralmente verso Firenze correndo come mai in vita sua, si aggrappò alla prima quercia che ospitava tra i rami il prezioso vischio riuscendo a salirvi sopra, cosa che aveva tentato tante volte nel giardino di casa cadendo sempre a terra tra le risate dei compagni.

Si sentiva la forza di un giovane leone, prese un rametto di vischio e tornò a casa, ostentando calma e tranquillità.

Al babbo raccontò che al mercato c'era stata baruffa tra due mercanti ed era rimasto a guardare, perdendo molto tempo.

In camera provò e riprovò a sistemarsi il vischio sotto il cappello in modo che non fuoriuscisse e non deformasse il copricapo, alla fine, soddisfatto e speranzoso, scese per la cena.

La mamma e il babbo non sospettavano nulla, parlavano di cosa avrebbero fatto la domenica seguente quando avrebbero portato in piazza il cero per la festa di San Giovanni Battista, patrono della città. Quell'anno il padre non aveva badato a spese ed aveva ordinato un bellissimo cero con intarsi, decorazioni e piccole gemme incastonate che lo rendevano simile allo scettro d'un re. La moglie aveva dapprima brontolato per l'eccessiva spesa ma poi aveva smesso, orgogliosa anche lei di tanto sfarzo e ostentazione di ricchezza.

Stavano discutendo su chi dovesse deporre il cero davanti al battistero, alla fine convennero che si, sarebbe toccato proprio a Dante. A lui la cosa stava bene, mise solo una condizione: che non lo obbligassero a togliersi il cappello. Dopo una serie più o meno infinita di prove e riprove venne il gran giorno.

In piazza, Dante si guardava intorno come un lupo che cerca di scorgere la preda, poi la vide: veniva dal lato opposto della piazza ed avanzava proprio nella sua direzione.

Anche lei portava un cero, meno bello del suo, ma che importa?

Dopo lunghe cerimonie, finalmente i nobili delle varie famiglie fiorentine iniziarono, in ordine di importanza, a deporre i ceri davanti al battistero.

Quando venne il suo turno Dante vide che anche Beatrice, sospinta dai genitori, si stava avvicinando con il suo, gli parve un manifesto segno della volontà divina.

Si toccò velocemente il cappello: tutto a posto, si stavano avvicinando sempre più alla porta del battistero, posò velocemente a terra il cero, attendendo che lei si chinasse per depositare il suo e in quel momento si girò e la baciò sulla guancia. Ci fu un grido e subito lei afferrò il cero con ambo le mani a mo' di mazza e, torcendosi sugli esili fianchi, glielo sbatté sul naso facendogli schizzare il sangue fin sulla porta del battistero.

Il giovine degli Alighieri vide *il cielo e l'altre stelle* e cadde, *come corpo morto cade* mentre lei si rifugiava tra le braccia dei genitori. Incredibilmente nessuno aveva visto nulla, tanta era la ressa di gente e tanto rapido era stato il gesto, in parte nascosto dalla fila di alti ceri collocata davanti a loro.

Tornò indietro tenendosi il naso sanguinante tra le mani, la madre lo vide e subito si preoccupò: "Bambino mio, cos'è accaduto?"

"Son scivolato sulla cera per terra e ho picchiato il naso sul battistero"

Intervenne il padre:

"Madonna di quella Madonna Santissima della Vergine! Benedetto San Crisostomo! Possibile che anche in piazza ci fai svergognare? Proprio un mambruco di figlio abbiamo tirato su! Andiamo a casa, via, che non vedano che razza d'incapace che tu sei! Ma guarda il naso com'è ridotto! Ora ci tocca tenerci 'sto disgraziato pure col naso storto! Per la Santissima Vergine! Su, svelti! Sei uno sciagurato, un bischero di figliuolo, non combinerai mai nulla di buono nella vita! Me lo sento: mai!"

Dante stava zitto, non riusciva a spiegarsi perché il vischio non avesse funzionato: era stato raccolto su una quercia, l'aveva messo sotto il cappello, eppure niente, possibile? Tornare da Ismaele era impossibile: era già ripartito, decise quindi che quando si fosse un pochino ripreso avrebbe interrogato meglio Ciacco.

Dopo un paio di giorni di impacchi e riposo a letto il naso andava meglio ma la linea che prima scendeva diritta verso il mento faceva ora una specie di curva, come se ci stesse ripensando e volesse tornare indietro per un'altra strada.

Quando Ciacco salì in camera per cambiare le lenzuola lo bloccò:

"O Ciacco, avete più sentito quell'Ismaele del quale mi parlavate?"

"No, messer Durante, dicono sia già ripartito e nessuno sa bene dove gli è diretto"

"Ma quell'erba che vi diede da mettere sotto il cappello era forse vischio?"

"Bravo messer Durante! Proprio vischio gli era!"

"E voi con il vischio sotto il cappello baciaste la Costanza serva di Giovanni Cerusico?"

"Certo messer Durante, la notte di Natale la baciai, come mi disse Ismaele!"

"La notte di Natale? Cosa intendete?"

"Si raccomandò che dovevo baciarla proprio la notte di Natale tenendo il vischio sotto il cappello, o era forse la testa sotto il vischio...ma non gli è l'istessa cosa?"

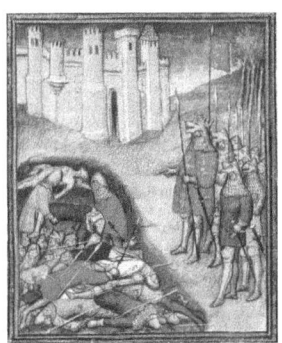

Edoardo III d'Inghilterra conta i morti dopo la battaglia di Crécy

Sluys, 24 giugno 1340: Inizia la Guerra dei Cento anni, ma il re Edoardo non lo sa
di **Umberto Maiorca**

La mattina del 25 giugno del 1340 lo stretto imbocco di mare alle foci dello Zwin è rosso di sangue e i corpi dei soldati galleggiano di fronte alle coste delle Fiandre. Sfidare gli inglesi per mare non è stata una decisione saggia. Edoardo III ha riportato la vittoria, annientando la flotta francese, e adesso può sbarcare dove e quando vuole. Il sogno di conquistare il trono con il giglio non è poi così lontano. O forse no.

Maestà, maestà, la prego, sono da questa parte. Una domanda, una dichiarazione per la stampa: ha vinto, ha schiacciato il nemico e ha riconquistato anche la nave Christopher. Immaginava una giornata così?

"Mio caro scrivano, quando c'è battaglia due sono le cose che sono ormai sempre sicuro di vedere: il nemico e lei, mio caro Evo Pennino! Vittoria schiacciante? Sì, non lo posso negare, i miei soldati e i miei marinai sono stati molto bravi. Hanno eseguito gli ordini alla perfezione, hanno lottato come dei leoni, seguendo il mio vessillo; ma sono stato anche fortunato. E vuole sapere perché? Perché l'ammiraglio francese, ahimè il povero Ugo Quieret non ha voluto dare ascolto al genovese, al comandante Barbavara. Lui l'aveva detto: non aspettate gli inglesi all'ancora, non vi fate schiacciare tra la flotta inglese e la costa, in mare bisogna muoversi, non è un assedio. E, infatti, è stato l'unico ad essere riuscito a fuggire, con le sue navi veloci e maneggevoli ha messo in difficoltà la mia ala destra, ha fatto a pezzi qualche mia nave e se l'è svignata quando ormai la battaglia era persa. Il re di Francia ha commesso un grave errore e non ha saputo opporre un valido piano, temendo di perdere troppe imbarcazioni. Ha preferito rimanere sulla difensiva. E così le ha perse tutte".

Certo sire, se i francesi avessero dato retta ai genovesi e le loro galee si fossero infilate tra le lente e goffe cocche inglesi ci sarebbe stata una strage tra i suoi e la vittoria sarebbe andata ai francesi. La storia non si fa con i se e i ma, perché vostra grazia aveva comunque un'arma segreta da mettere in campo, vero?

"Ahahahah, un giorno o l'altro appenderò sul pennone della mia ammiraglia il gaglioffo che spiffera i piani del mio consiglio di guerra. Beh, ormai l'arma segreta l'hanno vista tutti in azione: i miei longbowmen. Chi può resistere all'arco lungo inglese e alle micidiali frecce in grado di penetrare le pesanti armature dei cavalieri francesi? Se Filippo avesse usato degnamente i balestrieri genovesi che ha acquistato a così caro prezzo mi avrebbe dato filo da torcere, ma i miei arcieri sono superiori. Hanno spazzato via qualsiasi resistenza sulle murate nemiche, lasciando ai miei fanti solo il compito di ripulire i ponti dai cadaveri. Ne abbiamo buttati così tanti a mare che adesso anche i pesci potrebbero imparare il francese".

Sire, facciamo un passo indietro. Perché ha portato la guerra in Francia?

"Filippo mi ha sfidato, ha impedito i commerci ai miei sudditi, molesta continuamente i miei alleati. E poi non sono, forse, il legittimo erede al trono di Francia?

Con il pretesto di allestire una crociata, Filippo VI ha radunato una flotta stabile per disturbare i commerci e piegare i fiamminghi, miei amici. Poi le mie spie mi hanno confermato che stava preparando l'invasione dell'Inghilterra, così mi sono fatto avanti. Ho preso il mare con l'intento di arrivare nelle Fiandre per fare la guerra contro i francesi. Quando mi sono trovato davanti a Sluys ho visto la grande quantità di navi di Filippo, erano così tante che i loro alberi sembravano un grande bosco, fitto e spaventoso. Il mio cuore ha sobbalzato, ma non per la paura, bensì per il desiderio di combattere contro i francesi e, per grazia di Dio e di san Giorgio, riportare quella vittoria che mi avrebbe ripagato di così tanti dispiaceri, di tutti quelli che mi hanno fatto nel corso del tempo. Allora ho schierato la flotta, con l'ammiraglia in testa, ben fornita di arcieri e scortata da altri navigli con uomini d'arme pronti alla lotta. Un'altra battaglia era poco distante, pronta ad intervenire per rilevare tutti quelli che erano più stanchi. Gli arcieri sempre in prima linea".

Maestà, ma è vero che c'erano anche la regina e la sua corte di dame ad assistere allo scontro?

"Non potevo lasciare a Londra le signore. Volevano assistere ad una battaglia, avere mancamenti per gli atti di coraggio dei loro cavalieri e applaudirli mentre scalavano le murate. Così ho fatto imbarcare un gran numero di contesse, donne, mogli di cavalieri e altre damigelle. Alla loro protezione ho destinato trecento uomini d'armi e cinquecento arcieri, sottraendoli alla battaglia. Sono rimaste molto impressionate. Soprattutto quando ho giocato d'astuzia e ho finto una ritirata; ma mi serviva solo per arrivare sul nemico con il vento a favore e controsole. I miei arcieri avrebbero tirato sicuri, mentre i francesi non avrebbero visto nulla, accecati dai raggi del sole nascente".

Come è iniziato lo scontro?

"La prima freccia l'abbiamo scagliata noi. I francesi non hanno fatto altro che aspettarci. Non hanno seguito i consigli di Barbavara e sono rimasti all'ancora, legando le navi l'una all'altra, con cavi e cime a formare una piattaforma, come una fila di castelli, pensando di combattere agevolmente con balestrieri e uomini d'arme. Noi gli siamo arrivati addosso a tutta velocità, con il favore del vento e scatenando un fitto lancio di proietti. Il ritmo e la potenza di fuoco dei miei arcieri è così alta che riesce ad avere la meglio degli avversari in poco tempo. Le navi sono a stretto contatto, tenute attaccate da grandi ganci e pinze di ferro, il cordame si attorciglia, mentre gli uomini d'armi iniziano il corpo a corpo, passando di nave in nave, calpestando morti e feriti. Gli inglesi avanzavano e colpiscono con picche e spade i francesi scampati alle frecce. È una carneficina".

Sire, però lei ha rischiato di morire!

"Ah, quel vile del vice ammiraglio transalpino Nicolas Beuchet è riuscito a sganciarsi dalla fila di navi francesi e giungere fino a ridosso della mia ammiraglia e un balestriere genovese mi ha preso di mira. Un dardo mi si è conficcato nella coscia, bucando l'armatura. Quel figlio di un cane genovese è morto nel rogo della sua nave o è finito in pasto ai pesci. Quanto a Beuchet ho dovuto farlo impiccare. Nessuno si può permettere di toccare il re. Giusto amico mio?".

Severo, mio signore, molto severo, visto che ha fatto decapitare anche l'ammiraglio Quieret.

"Non potevo fare altrimenti. Un re deve mostrarsi magnanimo quando può, ma inflessibile contro il nemico. Sono il pretendente al trono di Francia? Quindi l'ammiraglio avrebbe dovuto servirmi e non combattermi. Questo è tradimento. E per questa fellonia ho perso molti nobili cavalieri e quasi novemila soldati. Bisogna essere duri? Sì, ma è necessario ricordare anche che quando si combatte per mare tutto viene preso o ucciso e che non c'è salvataggio né fuga; combatti e vivi se vinci, lotti e muori se perdi. Chi finisce in acqua muore presto o è già morto. Per i francesi non c'è stato scampo, mentre i miei cavalieri si sono coperti di gloria. I miei fedelissimi, come il conte di Derby, Pembroke, Hereford, Huntingdon, Northampton e Gloucester, sir Raynold Cobham, sir Richard Stafford, il signore Percy, sir Walter di Manny, sir Henry di Fiandre, sir John Beauchamp, il signore Felton, il signore Bradestan, John Chandos, il signore Delaware, il signore di Multon, sir Robert d'Artois chiamato conte di Richmond. Che festa abbiamo fatto la sera, con un gran rumore di trombe e altri strumenti, poi Jaques d'Arteveld, mio fedelissimo, davanti a tutta la corte ha dichiarato che era mio diritto avere la corona di Francia. Appena tornato in Inghilterra farò cucire i gigli di Francia sul mio stendardo, accanto al leone. Ora se permetti, mio caro scrivano, devo andare a far sbarcare le mie truppe, la Francia mi attende. I miei consiglieri mi avevano avvertito: «Sire, ci vorranno almeno cento anni per conquistare tutta la Francia». Come puoi vedere dopo appena una battaglia il campo è mio".

Felicina da Meda
Dalle cronache storiche di Meda
di **Maria Altomare Sardella**

Atto unico

Personaggi

Stemma dei Malatesta

Prologo, *un attore*
Battista di Montefeltro, duchessa
Malatesta, *devota di Felicina*
Monsignore Giovanni Benedetti, *vescovo di Pesaro*
Don Gualtiero, *segretario del vescovo*
Maria Bianca, *sorella di Felicina*
Frate Tommaso, *fratello di Felicina*
Suor Eugenia, *suora professa del monastero di Sant'Orsola di Milano*
Suor Francesca, *suora professa del monastero del Corpus Domini di Pesaro*
Elisabetta Malatesta da Varano, *figlia di Battista*
Epilogo, *un attore*

L'azione si svolge a Pesaro nel 1444.

PROLOGO – La beata Felice Meda, visse fra la fine del XIV e la prima metà del XV secolo, prima nel monastero clariano di Sant'Orsola di Milano, in seguito nel monastero del Corpus Domini di Pesaro. Di entrambi i monasteri ella fu badessa. Non ci è giunto nessun documento che riporti dove nacque. Ella viene elogiata come beata nel Martirologio Romano il 30 settembre col nome di Felice Meda. E con questo nome le sue reliquie sono attualmente venerate nella cappella delle

Beate della cattedrale di Pesaro. Tuttavia, all'interno degli Ordini francescani e clariani, nei primi secoli dopo la loro fondazione, al nome dei religiosi seguiva quello del loro paese di origine. E' per questo che la maggior parte degli studiosi ritiene che ella sia nata a Meda, dove è venerata col nome di Felicina da Meda. *(Il prologo esce. Siamo nell'ufficio del vescovo di Pesaro, una mattina di ottobre del 1444. La scena prevede un semplice scrittoio su cui si vedono un campanello, una bugia con candela, un vassoio che contiene un calamaio, della ceralacca e un sigillo. Sul lato destro dello scrittoio c'è una pila di pratiche. Un breviario è aperto sull'altro lato. Davanti la scrivania c'è una comune sedia di legno. Dietro la scrivania, seduto a una sedia con braccioli e schienale alto, il vescovo sta scrivendo una missiva. Il prelato posa la penna d'oca nel calamaio, scuote il foglio per far asciugare l'inchiostro, poi suona il campanello. Entra il suo segretario, don Gualtiero).*

DON GUALTIERO – In cosa posso servire, Monsignore?

VESCOVO – *(Piegando il foglio e chiudendolo con la ceralacca),* questa missiva va recapitata al duca Malatesta.

DON GUALTIERO – Ecco, appunto ...

VESCOVO – Dite, don Gualtiero.

DON GUALTIERO – La duchessa Montefeltro Malatesta vi chiede udienza.

VESCOVO – Donna Battista ha inviato un messaggero?

DON GUALTIERO – No, Monsignore. E' qui di persona.

VESCOVO – Vi ha detto cosa vuole?

DON GUALTIERO – No, Monsignore. E' appena arrivata.

VESCOVO – Il marito ... Il duca Galeazzo Malatesta è in cattive acque. Potrebbe perdere il Ducato.

DON GUALTIERO - Che abbia mandato la moglie a perorare la sua causa?

VESCOVO – Battista di Montefeltro non verrebbe a chiedere appoggi, se non ha speranza di ottenerne.

DON GUALTIERO – Cosa vorrà, dunque?

VESCOVO – Non ne ho idea.

DON GUALTIERO – Prendete tempo. Le fisserò un'udienza fra qualche giorno.

VESCOVO – Da quando è arrivata sposa in questa città …

DON GUALTIERO – Nel 1405, trentanove anni orsono.

VESCOVO – Ha migliorato Pesaro con opere di bene e di cultura.

DON GUALTIERO – Il popolo l'ama e i dotti la rispettano.

VESCOVO – Non merita una scortesia. E perché, poi, inimicarsi una poetessa?

DON GUALTIERO – E' una letterata e una filosofa, che argomenta in latino al pari di un uomo.

VESCOVO – E' la prima del suo genere, pare.

DON GUALTIERO – Dunque?

VESCOVO - Se non sappiamo cosa vuole la duchessa, *(accennando alla missiva che trattiene ancora fra il pollice e l'indice della mano destra)*, il recapito di questa comunicazione può attendere *(nasconde la lettera dietro la pila di fascicoli posti alla sua destra sulla scrivania)*. Fatela entrare. *(Il segretario annuisce, esce e rientra con la duchessa. Il vescovo si alza e le va incontro. La duchessa gli fa una riverenza e bacia l'anello sulla mano che il vescovo le porge).*

VESCOVO – Duchessa Malatesta! Che gradevole sorpresa!

BATTISTA – Mi scuso per l'improvvisa intrusione, Monsignore.

VESCOVO – Siete benvenuta. Accomodatevi, vi prego. *(La duchessa si accomoda dopo che il prelato si è seduto dietro la scrivania)*. Dunque, cosa vi porta nel mio ufficio?

BATTISTA – Un affare di amicizia e di cuore.

VESCOVO – Continuate.

BATTISTA – La notte fra il 29 e il 30 settembre scorso, due giorni fa, come saprete, si è spenta, a 66 anni, madre Felice da Meda, la badessa del monastero del Corpus Domini.

VESCOVO – Un evento che ha lasciato una profonda tristezza in tutta Pesaro. Ma ella ha raggiunto la casa celeste di nostro Signore.

BATTISTA – A tal proposito, venerabile padre, vorrei presentarvi una supplica.

VESCOVO – Vi ascolto.

BATTISTA – Vi prego di avviare le pratiche per il processo di beatificazione di madre Felice. Sono sicura che ella è santa in Paradiso.

VESCOVO – *(Guarda il suo segretario, che accenna un inchino e fa per uscire, subito richiamato dal vescovo).* Don Gualtiero, *(riprende la lettera che aveva nascosto e la porge al segretario)* di grazia, fate recapitare questa missiva. *(Il segretario si avvicina al vescovo, prende la lettera ed esce. Il vescovo si alza, fa qualche passo nella stanza, pensieroso).* Voi e la badessa Felice da Meda eravate amiche.

BATTISTA – Eravamo sorelle dell'anima. Molte volte ella mi ha sostenuta, mostrandomi la bontà di nostro Signore quando io, per i molti dispiaceri, ne dubitavo.

VESCOVO – Nobile dama, chiedete qualcosa che ben poco dipende dalla mia volontà. Occorrono testimonianze che attestino la santità della badessa Meda. Solo così si può istruire la causa di beatificazione. Ella ha operato in Pesaro per pochi anni.

BATTISTA – Ella arrivò qui nel 1439, cinque anni fa, per dare vita al monastero di clarisse osservanti del Corpus Domini.

VESCOVO – Che voi avete fortemente voluto. Lo ricordo bene. L'anno prima, papa Eugenio IV mi chiese di aiutarvi a costruirlo.

BATTISTA – Pesaro e i suoi dintorni erano lacerati dalle lotte per il potere. Feci voto di fondare un luogo di preghiera, che portasse nei cuori il desiderio della pace.

VESCOVO – Perché pensaste a suor Felice da Meda per avviarlo?

BATTISTA – Scrissi del mio voto a padre Bernardino da Siena. Egli mi parlò delle virtù di madre Felice, badessa del monastero di Sant'Orsola di Porta Vercellina in Milano. Poi, padre Guglielmo da Casale chiese a madre Felice di lasciare il monastero e Milano, per amore di una città lontana. Ed ella, all'età di sessant'anni, non batté ciglio e partì.

VESCOVO – Quando una persona che amiamo lascia la vita terrena, siamo portati a ingigantire i suoi meriti. Mi dispiace, duchessa. La vostra sola testimonianza non basta.

BATTISTA – In città, molte persone l'acclamano santa! E nell'atrio del vostro palazzo ve ne sono alcune che vorrebbero testimoniare.

VESCOVO – Ascolterò i vostri testimoni, ma se non riusciranno a convincermi, non potrò esaudire la vostra richiesta.

BATTISTA – Vi sono grata, venerabile padre.

VESCOVO – *(Suona il campanello, entra don Gualtiero)*. Di grazia, fate entrare coloro che hanno accompagnato la duchessa. *(Il segretario esce e rientra con un gruppo di donne fra cui un frate. Le donne accennano una riverenza, il frate, dopo essersi inchinato, rimarrà a capo chino con gli avambracci infilati nelle maniche della tunica alla maniera dei monaci. Altrettanto faranno le monache. Il segretario uscirà di scena. Il vescovo tornerà a sedersi. La duchessa chiamerà una o due persone per volta a rendere testimonianza, mentre gli altri resteranno radunati in gruppo e in silenzio. I testimoni rientreranno nel gruppo, cedendo il posto in primo piano agli altri, man mano che avranno finito di parlare).*

BATTISTA – Donna Maria Bianca, frate Tommaso, venite avanti. Parlate liberamente, cari amici. Monsignor Giovanni Benedetti, l'amato vescovo di Pesaro, vi ascolta.

MARIA BIANCA – Madre Felice era nostra sorella, mia *(accennando al frate)* e di Tommaso. Felicina nacque nel 1378 a Meda. La nostra famiglia apparteneva alla piccola nobiltà di quel borgo. Mia madre Bianca compiva opere di bene, collaborando con le suore del monastero di San Vittore. Perciò Felicina fu istruita dalle suore. Quando nel 1386 Gian Galeazzo Visconti cominciò la costruzione del Duomo di Milano, mio padre divenne uno dei suoi segretari e la nostra famiglia si trasferì a Milano. Quell'anno nacqui io. Nostra madre morì l'anno successivo, dando alla luce Tommaso ... Io avevo compiuto quattro anni, Tommaso ne aveva tre e Felicina aveva dodici anni, quando morì anche nostro padre. Così ci raccontava nostra sorella.

FRATE TOMMASO – Nostro padre ci aveva lasciato una bella casa e un gruzzolo con cui Felicina, riuscì a sfamarci per tre anni. Il Signore aveva infuso in lei una precoce saggezza. Quando il denaro finì, ella ci portava al Deo gratias delle Orsoline di Porta Vercellina che ci donavano cibo.

MARIA BIANCA - Felicina faceva ogni genere di lavoro per i vicini di casa che, in cambio, ci davano scarpe e vestiti dismessi dei loro figli. Così diventammo grandi.

FRATE TOMMASO – Ella ci ripeteva che i nostri genitori pregavano per noi e che non ci sarebbe capitato nulla di male.

MARIA BIANCA – Diceva che le suore erano angeli mandati da Dio sulla Terra per vegliare sugli orfani, i poveri e i malati e che, un giorno, sarebbe diventata una di loro.

FRATE TOMMASO – In verità, le suore avrebbero già potuto accoglierla come novizia, ma ella non ci volle abbandonare.

MARIA BIANCA – Aspettò che io compissi sedici anni.

FRATE TOMMASO – E che io ne avessi tredici. Cioè che fossimo abbastanza grandi per decidere cosa fare della nostra vita. Vendemmo la casa, regalammo il ricavato ai poveri ed entrammo in monastero come novizi senza dote.

BATTISTA – Sapevate cosa significa entrare in monastero senza dote?

MARIA BIANCA – Felicina ci aveva spiegato che nel monastero avremmo svolto i servizi più umili.

FRATE TOMMASO – A me non pesava essere il più umile dei servi di Dio. Ero triste perché avremmo dovuto separarci. Mia sorella mi promise che mi avrebbe scritto. Ella ha mantenuto la promessa per tutta la sua vita e io non mi sono mai sentito solo.

VESCOVO – Voi sapete scrivere?

FRATE TOMMASO – Maria Bianca ed io sappiamo leggere, scrivere e fare di conto. Ci aveva insegnato Felicina.

VESCOVO – Voi, Maria Bianca, siete sposata.

MARIA BIANCA – Sono madre e nonna, Monsignore.

VESCOVO – Cosa accadde?

MARIA BIANCA – La mia vocazione non era solida. Felicina aveva una dispensa per recarsi a prestare soccorso all'ospedale del Brolo dove arrivavano i malati infettivi e morenti. Io non avevo ancora preso i voti e l'accompagnavo e lì conobbi il mio futuro marito. Felicina disse che non dovevo sentirmi in colpa, che Dio si può servire in molti modi e che il suo cuore era colmo di gioia per me. Non ricordo il viso della madre che mi mise al mondo, ma quando nacque il mio primo figlio, Felicina mi assistette durante il parto e io capii che ella era la mia vera madre.

FRATE TOMMASO – Felicina non solo ci aveva protetto e custodito fisicamente, ma aveva forgiato le nostre anime. Ella ci ha amati sempre e per il nostro bene sopportò fatiche e sacrifici senza mai lamentarsi. Né chiese mai nulla in cambio.

VESCOVO – *(Rivolgendosi alla duchessa)*, i fratelli maggiori spesso si prendono cura dei più piccoli, non v'è nulla di eccezionale in questo… *(Ai due fratelli)*, ma com'è che vi trovate qui a Pesaro.

FRATE TOMMASO – Nostra sorella, consapevole che stava per lasciare questa vita, alcune settimane orsono ci fece chiamare per un ultimo abbraccio. *(Il vescovo annuisce)*.

BATTISTA – Suor Eugenia, voi cosa potete raccontare? Parlate, vi prego.

SUOR EUGENIA – Quando entrai in monastero come novizia, ero poco più di una bambina. Ero spaventata. Ero abituata a una casa calda, dove il cibo abbondava. Ora mi trovavo al freddo. Non mi davano cibo a sufficienza, dovevo svegliarmi continuamente per pregare. L'odio cominciava a radicarsi nel mio cuore. La mia vita diventava sempre più dura. L'unica persona che mi mostrava compassione era suor Felice. Ella mi sorrideva. Se ci davano un frutto, ella se ne privava e me lo regalava. D'inverno, rinunciava alla sua coperta, per farmi stare al caldo.

VESCOVO – Il vostro cuore cambiò?

SUOR EUGENIA - La sua carità trasformò il mio odio in compassione. Cominciai a pensare al bene che avrei potuto fare come monaca e tutto divenne facile. Madre Felice mi salvò. Ella impedì che il mio cuore diventasse di pietra.

VESCOVO – Sorella, raccontateci qualcosa che ci permetta di conoscerla meglio.

SUOR EUGENIA – Ciò che di lei più ammiravo era il suo modo di compiere il bene senza volere mai apparire. E' difficile da spiegare.

VESCOVO – Provateci, vi ascoltiamo.

SUOR EUGENIA – Tornavamo dall'ospedale, la badessa le chiedeva cosa avesse fatto. Ed ella, che aveva lavato piaghe purulente e maleodoranti, che aveva raccolto gli umori corporei dei moribondi, sorridendo diceva che non aveva fatto niente di gravoso. VESCOVO – Non molti resistono alle lusinghe della vanità. Anche i santi, a volte, desiderano che il mondo apprezzi i loro meriti.

BATTISTA – Ecco la causa per cui, venerabile padre, voi pensate che ella non abbia meriti speciali. Ella ha sempre accuratamente nascosto i propri meriti.

SUOR EUGENIA – Ella diceva che solo il cuore di Gesù doveva conoscerli.

VESCOVO – Continuate a raccontare, suor Eugenia.

SUOR EUGENIA – Sotto la tunica, indossava un cilicio. Lo scoprimmo una volta che era gravemente malata e la monaca infermiera fu costretta a toglierle l'abito. In seguito le chiesi perché infliggeva tormenti al suo corpo.

VESCOVO – Cosa rispose?

SUOR EUGENIA – Rispose che quando amiamo qualcuno, desideriamo condividere con lui le gioie ma soprattutto i dolori. Ella voleva essere partecipe delle sofferenze di Cristo sulla Croce.

VESCOVO – Da badessa, impose alle altre monache questo suo punto di vista?

SUOR EUGENIA – No. Mai.

BATTISTA – Ella fu eletta badessa nel 1425, dopo 25 anni trascorsi nel monastero nella più umile delle condizioni.

VESCOVO – Fu contenta di elevare la sua posizione?

SUOR EUGENIA – Accettò per ubbidienza e spirito di servizio. Si accollò tutti i doveri e rinunciò a ogni privilegio.

BATTISTA – Voi, suor Eugenia, la seguiste anche quando padre Guglielmo le chiese di venire a Pesaro per dare vita alla comunità del Corpus Domini.

SUOR EUGENIA – La seguimmo in sette, di nostra spontanea volontà.

VESCOVO – Come viaggiaste?

SUOR EUGENIA – Su un carro scoperto che trasportava blocchi di marmo di Condoglia. Un passaggio che aveva trovato per noi padre Guglielmo.

VESCOVO – Un viaggio scomodo.

SUOR EUGENIA – Per tutto il percorso dovemmo subire gli sbalzi del carro sul terreno accidentato. Fummo esposte al freddo della notte e nell'ultimo tratto restammo senz'acqua.

VESCOVO – Non aveste timore di essere aggredite?

SUOR EUGENIA – No, perché madre Felice ci avrebbe difeso.

VESCOVO – Come avrebbe potuto difendervi una piccola donna anziana?

SUOR EUGENIA – Guardava le persone dritto negli occhi e sapeva scendere nei loro cuori. Ella diceva che i malfattori sono tali perché sono disperati, soli e impauriti. Ella diceva che non ci sono malvagi, ma solo povere anime smarrite nel vuoto.

VESCOVO – E come avrebbe sconfitto il vuoto di un malfattore?

SUOR EUGENIA – Con la carità.

VESCOVO – Fede, speranza, carità. E' questo il ritratto di madre Felice?

BATTISTA – Dite il vero, reverendo padre. Venite avanti, suor Francesca.

SUOR FRANCESCA – Ero con voi, mia signora, quella mattina di settembre in cui arrivò madre Felice con le sue consorelle.

BATTISTA – Un cavaliere, che rientrava in Pesaro, aveva incrociato il carro, carico di marmi e di monache. Egli venne a dirmi che il carro non poteva attardarsi, entrando a Pesaro, e che le monache sarebbero state lasciate a Cattolica. Allora andai loro incontro con la carrozza.

SUOR FRANCESCA - Voi invitaste madre Felice a salire sulla vostra carrozza. Ella vi chiese se potevate far salire tutte le sue consorelle, ma questo era impossibile ed ella preferì raggiungere il monastero a piedi con le altre. Quando le monache arrivarono in città, la gente applaudì per l'ammirazione. Si cantava, si lanciavano fiori. Ognuno regalava loro quello che poteva. Fu una grande festa! Madre Felice pianse di gioia.

BATTISTA – Quello stesso giorno, due fanciulle vollero entrare in monastero.

SUOR FRANCESCA – Una di loro ero io. L'altra era la mia amica Maddalena Tizzoni da Pesaro. Maddalena mi disse: andiamo! E chiedemmo a madre Felice di accoglierci.

VESCOVO – Cosa rispose madre Felice?

SUOR FRANCESCA – Ci diede il benvenuto. E poi ci disse di tornare dopo aver parlato con i nostri genitori. Quella sera stessa entrammo in monastero con il consenso delle nostre famiglie.

BATTISTA – Madre Felice non si è mai fatta trascinare da facili entusiasmi. Sapeva essere prudente in materia di vocazioni. Operava per ciò che era bene nei confronti di Dio, ma giusto anche nei confronti di sé stessi e del prossimo.

VESCOVO - Eppure a me sono giunte voci, nel corso di questi anni.

BATTISTA – Quali voci, Monsignore?

VESCOVO – Le voci che parlavano di dissapori della badessa Meda con i notabili della città. Con vostro marito in primis, duchessa.

BATTISTA – I notabili della città si erano opposti alla fondazione del Corpus Domini, che avrebbe avuto carattere di clausura soggetto al vicario dell'Osservanza.

SUOR FRANCESCA – A influenzare i notabili erano state le suore della preesistente casa di terziarie, che, in segreto …

BATTISTA – Si non palam clam saltem …

SUOR FRANCESCA - … Reclamavano i loro diritti, rivolgendosi alle loro famiglie di origine.

BATTISTA – La badessa Meda divenne il bersaglio da colpire, per non dover attaccare apertamente me, la duchessa Malatesta. Arrivarono persino a proporre che la badessa lasciasse la città.

SUOR FRANCESCA – Madre Felice non si difese, non ricambiò il male come avrebbe potuto fare. Sopportò i dispiaceri che derivarono da quella ingiusta situazione e avrebbe lasciato Pesaro senza battere ciglio, se le fosse stato ordinato di farlo. Convinta che è sempre e solo Dio a guidare i nostri passi.

ELISABETTA – Per volontà del Signore Onnipotente, la situazione si evolse ed io Elisabetta Malatesta da Varano, vidi mio padre, il duca Galeazzo, piangere davanti a lei, quando ella seppe restituirmi la vita che mi stava lasciando.

BATTISTA – Ecco mia figlia, venerabile padre, la patrona del monastero del Corpus Domini.

VESCOVO – Venite avanti, donna Elisabetta. Portate la vostra testimonianza.

ELISABETTA – All'età di quindici anni, sposai Piergentile da Varano, signore di Camerino. Egli rimase vittima di una congiura fratricida nel 1433. I miei figli ed io ci rifugiammo a Pesaro presso la corte dei miei genitori.

BATTISTA - Il dolore per la perdita dell'amato marito e del suo casato non le dava tregua. Ma fu nel 1441, due anni dopo che madre Felice era arrivata tra noi, che un male incurabile travolse la mia unica figlia.

VESCOVO – Raccontate voi stessa, se vi è possibile, donna Elisabetta.

ELISABETTA - Il mondo cominciò ad apparirmi come un luogo buio, lordo di malvagità ed egoismo. Neppure l'amore per i miei figli riusciva a consolarmi.

VESCOVO – In cosa consisté la vostra malattia?

ELISABETTA – Il cibo mi sembrava immondo. Guardarlo mi disgustava e se mia madre riusciva a farmi ingoiare qualche cucchiaio di brodo, immediatamente lo rigettavo. Passarono alcuni mesi, ero diventata uno scheletro vivente. I medici dicevano che solo un miracolo di Dio avrebbe potuto salvarmi, ormai.

BATTISTA – Disperata, confidai la mia angoscia a madre Felice. Mi disse che notte e giorno le suore del Corpus Domini avrebbero pregato per la guarigione di mia figlia. Ma volle visitarla di persona.

ELISABETTA - Ottenne una dispensa e venne a farmi visita. Ero morente, ma quando sentii la sua mano sulla fronte, il mio cuore ebbe un sussulto ed ebbi la forza di aprire gli occhi. Ella mi sollevò le spalle e avvicinò alle mie labbra un boccale. Da giorni ormai non riuscivo a ingoiare neppure una goccia d'acqua, ma dal quel boccale, che lei mi porse, bevvi avidamente. E poi, un poco al giorno, ripresi a mangiare. A lungo madre Felice venne a trovarmi a palazzo. Ella ebbe cura di me nel corpo e nell'anima.

BATTISTA – Madre Felice aveva capito che il male di Elisabetta non era nel corpo, ma nell'anima; che era il dolore dell'anima ad uccidere il corpo.

ELISABETTA – Madre Felice mi salvò la vita. Fu un miracolo. Ella non solo riuscì a farmi accettare il cibo, ma mi insegnò a non arrendermi al male, a non soccombere al dolore, a trovare nell'amore per i miei figli la forza di lottare. Ella mi insegnò che l'amore e la fede sono la nostra forza e il nostro scudo.

BATTISTA – E non è l'amore, venerabile padre, il più grande miracolo che ogni essere umano può compiere in questo mondo?

VESCOVO – *(Il vescovo si alza, si alza anche la duchessa).* Concordo, nobile dama. E sono certo che la serva di Dio Felice da Meda avrà l'onore degli altari. *(I personaggi si immobilizzano. Entra l'attore che leggerà l'epilogo).*

EPILOGO – A Madre Felice, come ella stessa aveva chiesto, era stata data la più umile delle sepolture, interrandola. Tre anni dopo la morte, furono i duchi di Urbino a far riesumare il corpo, che risultò incorrotto, e, per questo, fu collocato nel coro delle monache del Corpus Domini. Il popolo la proclamò santa, testimoniando, nel corso del tempo, suoi numerosi miracoli. Il 2 maggio 1807, Pio VII approvò il suo culto come beata. Quando nel 1810 il monastero fu soppresso, le sue reliquie furono traslate nella cattedrale di Pesaro. Nel 1956, il vescovo di Pesaro, Luigi Carlo Borromeo, concesse alla città di Meda una reliquia, un osso del braccio della Beata, attualmente custodito nella chiesa di Santa Maria Nascente. *(Il prologo e i personaggi si inchinano al pubblico).*

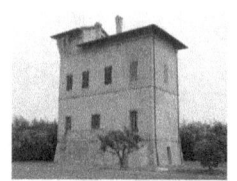

Habeas Corpus
di **Erik Zitignani**

Era la sera del dodicesimo giorno di dicembre dell'Anno del Signore milleduecentoquaranta, quando i due cavalieri, avvolti in spessi mantelli di lana, giunsero nei pressi dell'innevato e fangoso borgo di Traversara.

La Torre di Traversara

Traversara era sorto nei pressi di un castello – poco più di una casa turrita con loggiato –, a guardia di uno dei tanti fiumiciattoli navigabili che sfociava nella valle Fenaria, a un giorno dal porto di Ravenna.

L'anno non era stato dei migliori. Paolo Traversari, decidendo di cambiare fazione, si era alleato coi guelfi Bolognesi attirando su Ravenna l'ira dell'Imperatore. Federico II aveva deviato i fiumi per seccare le paludi e assaltato due volte le porte cittadine, prima che i traditori ghibellini le aprissero dando via libera alle truppe imperiali e alla loro vendetta.

Paolo Traversari era morto durante la battaglia mentre suo figlio Guglielmo era sfuggito alla cattura, rifugiandosi nei territori natii, nel borgo di Traversara, per l'appunto.

Messer Guglielmo aveva già ricevuto i messi dello svevo, per motivi politici che ai due cavalieri non era dato sapere. Tuttavia era proprio per quei motivi che erano costretti a viaggiare sfidando le intemperie.

Quando finalmente giunsero al borgo, stanchi e infreddoliti, era ormai l'imbrunire, e le strade erano deserte. Le case di laterizio, trasandate e parzialmente ricoperte dalla neve sporca di fuliggine, rappresentavano un ben misero epilogo per il loro viaggio. Per fortuna dei due, nella piazza principale, ai piedi del "castello", si trovava una taverna da cui proveniva un vociare soffocato.

Nell'osteria di Traversara la vita scorreva placida. I paesani se ne stavano a chiacchierare attorno a semplici tavoli sostenuti da cavalletti, gustando vino davanti a moccoli di sego poco luminosi; terminata la coppa avrebbero fatto ritorno alle loro case, ponendo fine a un giorno qualunque. Per l'oste Domenico, invece, il tempo di andare a dormire era ancora lontano.

Il locale era riscaldato da un caminetto sulla parete di fondo da cui provenivano fumo e promesse di stufato di anguilla, che la moglie di Domenico stava preparando per cena. Tra i tavoli si destreggiavano, agili e vivaci, le loro figlie, Silvana e Maria, due ragazze molto avvenenti intente a consegnare brocche e schivare le mani troppo lunghe di avventori scandalosamente audaci.

Nonostante l'atmosfera piuttosto chiassosa, Domenico sentiva che quella sera la consueta allegria era appannata da una sottile inquietudine per colpa dei sussurri sull'efferato omicidio del messo imperiale. Si diceva fosse stata opera di un mostro e, anche se tutti ne parlavano — tra preghiere e invocazioni, tentando di minimizzare l'accaduto e badando a tener sempre bassa la voce —, avevano davvero paura di cosa sarebbe potuto accadere dopo.

Sicuramente i funzionari dell'Imperatore avrebbero mandato qualcuno, e quello sarebbe stato ben peggiore che affrontare un mostro. La sorte della città di Ravenna ne era una chiara testimonianza.

Il vociare si interruppe bruscamente quando una folata di vento gelido attraversò la sala. Il fumo si dissipò in vortici, aprendosi su due figure ferme sulla soglia, circondate da mantelli da viaggio fin troppo simili a sudari. Calò il silenzio, quasi sulla porta si fosse presentato l'angelo della Morte.

I mantelli scuri portarono alcuni a farsi il segno della croce e invocare l'aiuto di san Michele Arcangelo. Quando il primo dei cappucci si abbassò rivelò un viso anziano dall'aspetto benevolo, ma dallo sguardo attento e calcolatore. I capelli brizzolati e le rughe avrebbero indotto a pensare che si trattasse di un vecchio viandante, ma i tremuli riflessi della luce sulla cotta e sull'elsa della spada che sbucavano dal mantello, rivelavano una storia ben diversa.

Il compagno del vecchio appariva ancora più temibile, nonostante fosse poco più che un giovanotto. Alto e ben piazzato, aveva un viso all'apparenza angelico, su cui si aprivano occhi che avevano visto ben più di quanto il Signore avrebbe dovuto mostrargli. Domenico riconobbe subito quello sguardo disilluso, lo aveva già visto durante i suoi viaggi giovanili, prima di trasformarsi in taverniere. Senza nemmeno accorgersene, l'oste sfiorò la cicatrice lasciatagli in viso da una scimitarra nella sua vita passata.

Il ragazzo, al contrario del suo compagno anziano con la cotta d'arme blu e oro degli Anastasi di Ravenna, indossava solamente una cotta di maglia con uno sdrucito farsetto rosso sbiadito, lo stemma imperiale cucito sul petto. "Un sergente", intuì Domenico.

Il Silenzio continuò a saturare la stanza fin quando i due forestieri, dopo aver appeso i mantelli fradici al muro, presero posto al limitare di un tavolo ancora libero per metà. Pareva non volessero spaventare troppo agli altri avventori, già visibilmente scossi.

Domenico, dal suo posto accanto alle botti, si avvicinò ai nuovi avventori con un sospiro.

I due non parvero molto loquaci, tuttavia si presentarono secondo l'etichetta. Il nobile rispondeva al nome di messer Pietro Anastasi ed era l'investigatore incaricato dal Gonfaloniere di Ravenna, mentre il più giovane era Carlo Mainardi, Serragente dell'esercito dell'Imperatore stanziato in Ravenna. Domenico comprese subito che la cosa era seria. Un messo imperiale e un investigatore avrebbero presto trovato un colpevole. Il suo timore era che fosse realmente il colpevole...

Maria e Silvana servirono immediatamente i due ufficiali, i quali presero a guardarsi intorno cercando di capire con chi avessero a che fare. Dopo qualche attimo, Pietro si alzò in piedi schiarendosi rumorosamente la voce, ottenendo un nuovo, opprimente silenzio. Quando parlò, fu come udire la voce di Dio nel Giorno del Giudizio.

«In nome di Sua Maestà l'Imperatore e di Sua Eccellenza il Podestà di Ravenna, informiamo che il borgo di Traversara è attualmente inquisito per l'ignobile assassinio del Messo Imperiale Wilhelm Fugger, occorso tre giorni or sono. Pertanto, chiunque possegga informazioni utili, è pregato di presentarsi al mio cospetto, per dichiarare quanto conosce.»

La voce dell'uomo, forte e salda, dovette instillare negli animi dei presenti una certa soggezione, poiché alcuni lasciarono frettolosamente la locanda, in fuga da una faccenda che, sapevano, sarebbe divenuta troppo insidiosa, attirando su di sé gli sguardi gelidi dei due nuovi venuti.

Qualche minuto dopo, al termine di un pasto concluso con calma affettata nonostante il proclama di messer Anastasi, uno dei frequentatori abituali dell'osteria, ben vestito, anche se chiaramente non ricco, lasciò il suo posto. Si alzò ripulendosi la bocca con la manica, camminando con passo sicuro e altero verso i due messi.

Al fianco portava una spada al cui ingombro pareva essere abituato. Sarebbe potuto apparire un bell'uomo, se non fosse stato per l'orrenda butteratura sul viso.

«Sono Alcide Cavalieri, Bargello di Traversara. Servo vostro, miei signori.»

I due ufficiali imperiali ricambiarono il saluto, per nulla impressionati dalla presentazione inutilmente pomposa, poi i tre iniziarono cordialmente a discorrere tra un bicchiere di vino e l'altro, sempre sotto stretta osservazione di Domenico, che non intendeva perdersi nemmeno un battito di ciglia. La gentilezza dei messi del Gonfaloniere poteva tramutarsi in una condanna nel tempo di un Amen.

Il Bargello raccontò che erano stati i suoi a recuperare il corpo. La vittima sembrava essere stata squartata da una fiera: le viscere erano fuoriuscite e si sarebbe potuto accusare un lupo, se non fosse stato per i tagli sulle braccia, come se il messo avesse voluto difendersi da un attacco improvviso. Ovviamente Alcide aveva fatto rimuovere il corpo quasi immediatamente, ordinando che si portasse nella chiesa di Santa Maria in Scheta, poco distante dall'osteria. Nessuno, oltre a lui stesso, due guardie e gli ecclesiastici aveva visto nulla, ma i sussurri che facevano da contraltare alla loro conversazione rivelavano chiaramente che il dono della riservatezza non era poi molto diffuso da quelle parti.

Il Bargello precisò che il messo era giunto di mattina presto, mentre il suo corpo esanime era stato ritrovato dalla ronda ben dopo l'imbrunire, il che, aggiunse con sguardo ironico, avrebbe dovuto aiutarli a mantenere una certa discrezione.

Alcide riferì anche che dal corpo non era stato preso nulla, nemmeno il denaro.

Quei particolari parvero disorientare i due investigatori, tanto che messer Pietro dichiarò che, anche se a tutti gli effetti l'odioso crimine appariva come un omicidio passionale, compiuto forse per gelosia o per vendetta, non poteva esserlo, dato che il povero messer Wilhelm non era mai stato da queste parti prima, né trovava giustificazione la violenza operata sulla vittima, che di certo non poteva essersi macchiata di colpe tali da motivarla.

Perché tanta brutalità su un uomo dell'Imperatore, nel bel mezzo del borgo? Davvero aveva suscitato nel prossimo tanto odio in un giorno soltanto?

Eppure, difficilmente poteva trattarsi di una ritorsione politica. Cosa avrebbe potuto Traversara dopo che anche Ravenna era caduta così miseramente? Messer Pietro si grattò la nuca.

«I miei signori desiderano dare uno sguardo al corpo?» domandò il Bargello. Il tono era quello di chi stesse offrendo un'altra fetta di torta ai suoi ospiti.

Prima di congedarsi Alcide aggiunse che in tal caso la mattina seguente li avrebbe accompagnati in chiesa. Pietro e Carlo acconsentirono, ma il Serragente aggiunse che per l'indomani si organizzasse un raduno della popolazione nella chiesa stessa, affinché tutti potessero essere interrogati.

Sì, decise Domenico, strofinando una coppa di legno: quegli sciocchi avrebbero fatto meglio a restare seduti, invece di farsela sotto e andare a rinchiudersi in casa.

Il Bargello si accomiatò cordialmente con un cenno del capo, lasciando che i due messi potessero riposarsi dalle fatiche del viaggio.

Il giorno seguente, poco dopo l'alba, messer Pietro e Carlo si ritrovarono con Alcide, mentre le guardie cominciarono il rastrellamento della popolazione radunandola verso la chiesa. Il Serragente, ponendo fede che il tempo non peggiorasse di nuovo, allestì sul sagrato un tavolo da interrogazione.

Padre Giovanni, il parroco – un omone dal corpo di cavaliere più che di prete –, sopportò di buon grado tutto il trambusto, e accompagnò messer Pietro all'esame del corpo.

La cripta era fredda e buia, umida, e questo cominciava a danneggiare il corpo: nonostante fosse stato cosparso di rametti di rosmarino e semi di finocchio, appestava l'aria con gli effluvi tipici della morte. Quando Pietro lo esaminò lo trovò lindo e pulito, con appena una leggera smorfia di dolore impressa sul viso – in stridente contrasto con l'efferatezza dell'aggressione – e trovò i segni di piccole stoccate che dal palmo delle mani uscivano sul dorso. Colpi inferti con violenza da una lama sottile e corta, simile a quella di un temperino. Non un grande aiuto, in verità: tutti, bambini compresi, ne portavano uno per le faccende quotidiane.

Pietro decise di esaminare anche gli oggetti del defunto, così il parroco chiamò il suo canonico, frate Ugo. Era sulla trentina, il fisico gracile e una vistosa gobba sulla schiena; un francescano. Il saio aveva le maniche troppo lunghe, e il volto, lo sguardo elusivo, suscitò in Pietro una certa familiarità, forse il ricordo di qualcuno conosciuto altrove. Il monaco giunse con un involto contenente i vestiti strappati e intrisi di sangue di Wilhelm, la sua spada e la sua misericordia infoderate – parevano nuove –, una scarsella con pochi ravegnini piccioli e alcuni bolognini grossi. Il denaro non era molto, ma più di quello che una persona comune avrebbe racimolato in mezzo anno di duro lavoro. Esclusi il furto e il delitto politico, Pietro tornò a interrogarsi sull'ipotesi passionale. Che si trattasse davvero della cieca furia di un amante deluso? Quale fanciulla era riuscita a scatenare tanta brutalità in un uomo?

Quando riemerse dalla cripta, ancora perso nei suoi pensieri, trovò Carlo intento a incidere appunti con uno stilo di bronzo su un taccuino fatto di tavolette di cera. Anche se i villici non erano molti, nel breve tempo dell'esame sul cadavere Carlo non sarebbe stato capace di interrogarli tutti. Così si sorprese quando il suo compagno si affrettò a ragguagliarlo su quanto scoperto dalla voce di una testimone diretta, Domenica Bubani, figlia della lavandaia, una giovane timida e timorata di Dio.

Era emerso che la mattina in cui Wilhelm era giunto al borgo, mentre si recava in locanda, si era imbattuto nella giovane che, piangente, quasi gli era caduta addosso. Il messo, dopo averla accolta benevolmente tra le sue braccia, l'avrebbe rassicurata e interrogata sull'accaduto, venendo a conoscenza della mano pesante e dell'indole violenta del padre di lei. Persino la moglie di costui recava sul viso una deformità alla mascella dovuta alle percosse. Wilhelm, evidentemente dotato di un cuore onorevole, si sarebbe recato a parlare col padre della fanciulla, causando una colluttazione in cui l'uomo, Antonio Bubani, avrebbe avuto la peggio. Domenica per ringraziarlo del suo intervento gli avrebbe regalato un fazzoletto con una margherita ricamata. Carlo, scusandosi per non essere riuscito a scoprire qualcosa riguardo alla morte di Wilhelm, indicò la fanciulla in questione. Era una ragazza nel fiore degli anni, dal viso delicato, bella come un mattino di primavera ma deturpata da una zoppia conseguenza delle vessazioni subite. I due messi rimasero per qualche istante a fissare Domenica, ancora ferma sul sagrato e affidata alle confortanti premure di frate Ugo, e si accorsero di non essere gli unici, anche se non tutti guardavano la ragazza con benevolenza.

Tra la folla scorsero l'astio del padre, già inebriato dai fumi dell'alcol di prima mattina, la frustrazione della madre, sul punto di scoppiare in lacrime, e l'espressione indecifrabile dell'oste, che pareva essersi fatto carico del ruolo di chi controlla il controllore.

All'improvviso, come in un'epifania, Pietro collegò quanto riferito da Carlo a quanto esaminato nella cripta, e parlò ai paesani: «Qualcuno, tra voi» tuonò «si è macchiato di un crimine orrendo, ed è così arrogante da portare addosso la prova di tale reato. Uno di voi» ripeté, lasciando vagare lo sguardo «ha recato offesa a Dio e all'Impero, e oggi sarà punito.»

Il cavaliere prese in disparte il Serragente e d'un tratto Domenico comprese che dovevano avere scoperto qualcosa, e occorreva stare attenti. Qualsiasi cosa la ragazza avesse raccontato doveva essere più che sufficiente, nonostante lui conoscesse dettagli che gli altri ignoravano. Cominciò a fissare la sua preda, colui che immaginava come il più probabile sospetto per quel crimine, pronto ad agire.

I due investigatori fecero rincasare i paesani, molti dei quali erano reticenti a tornare alle faccende di casa dopo quell'intrigante e macabro diversivo.

Domenico non se ne andò subito, ma si attardò sul sagrato, continuando a vigilare fino a quando i due stranieri gli si avvicinarono per domandargli del cavallo di Wilhelm. Pressato dalla loro autorità, perse di vista il suo colpevole e, a malincuore, li condusse alle stalle dell'osteria. Lungo la strada si interrogò se rivelare i suoi sospetti agli investigatori, ma si trattenne: un'ingiusta accusa sarebbe stata un peccato grave.

Accanto allo splendido roano di Wilhelm, si trovavano la sella e le sacche appartenute al messo, un po' sbilanciate sul cavalletto che le sosteneva. I due le esaminarono a fondo e, dentro di esse, trovarono quello che stavano cercando. Il fazzoletto con la margherita ricamata apparve nelle mani di Carlo assieme a un dettaglio inatteso: la stoffa era macchiata di sangue. L'impronta di una mano insanguinata era chiaramente visibile. Solamente l'assassino poteva averla portata lì; Wilhelm non aveva ferite alle mani precedenti al suo decesso, e di certo non aveva riposto il fazzoletto dopo l'aggressione. La macchia inoltre era più densa in un punto, vicino al pollice, si era allargata nel punto in cui la stoffa era stata stretta: l'assassino doveva essersi ferito al momento dell'aggressione.

Domenico quindi comprese: il suo sospetto doveva aver portato lì il fazzoletto quando Pietro gli aveva chiesto delle stalle, in tutta fretta. Se era così, doveva trovarsi ancora nei paraggi. L'oste corse via dalla stalla, convinto di riuscire a catturare il colpevole, ignorando le grida dei messi stupefatti. La sua mossa indusse i due cavalieri a inseguirlo. Anche se rallentato dalla cotta il Serragente gli fu subito dappresso. Domenico corse a perdifiato: se avesse fallito, Dio avrebbe dovuto avere cura della sua famiglia.

Carlo non sapeva spiegare la reazione dell'oste, non gli era parso un cattivo uomo, ma un innocente non fugge. Doveva catturarlo. Lo vide scartare improvvisamente a sinistra verso una zona innevata che separava la chiesa dall'osteria. Solo allora si accorse dell'altra figura scura che correva con incedere agile, seppur scomposto, diretta verso la chiesa, piegata in avanti come fosse protesa verso una meta ormai vicina.

L'oste accelerò, sorprendendo Carlo col suo vigore, e si gettò come una furia sulla sagoma gibbosa del fuggitivo, buttandolo in mezzo alla neve. I due si accapigliarono, poi lo sconosciuto lanciò un urlo quasi disumano, e un guizzo argenteo apparve tra i due. Carlo arrivò nel momento stesso in cui vide il metallo macchiarsi di sangue, e l'oste scagliare un violento pugno al volto della figura distesa sotto di lui, facendole perdere i sensi. Carlo spostò violentemente Domenico da sopra l'uomo, ormai incosciente, mentre Pietro, affaticato, li raggiunse e si sincerò delle condizioni dell'oste, a malapena scalfito da un temperino da amanuense.

Il vecchio messo, ripreso fiato, constatò che la figura a terra altri non era che fratello Ugo, la cui mano sinistra, ancora stretta attorno al temperino, era fasciata per una ferita precedente.

Fratello Ugo fu arrestato, Domenico contemporaneamente biasimato e ringraziato per il suo ardire. Gli investigatori condussero il frate francescano in chiesa, dove ascoltarono la sua confessione.

Sotto pressione rivelò la sua illecita brama d'amore per Domenica, per quella pia fanciulla che passava tanto tempo in sua compagnia e lo aveva costretto a gravi penitenze nel tentativo di resistere alle tentazioni della carne. Poi aveva visto lo sguardo di Domenica per il cavaliere alemanno. Lui avrebbe dovuto soccorrerla, un servo del Signore, il suo confessore, non uno straniero con l'unico merito di essersi trovato sulla via di lei nel momento del bisogno! Aveva visto il bacio rubato da quel barbaro prima che lei gli regalasse un pegno d'amore fatto di lino, un lino che lui stesso le aveva regalato mesi addietro!

L'ira lo aveva accecato. Aveva atteso che il cavaliere facesse ritorno alla stalla dell'osteria, a lungo, troppo a lungo. Le immagini che la sua mente inventò per giustificare quel ritardo moltiplicarono la sua furia. Quando vide il germanico congedarsi da un abbraccio della fanciulla, impunemente, in pubblico – in presenza della madre stessa di Domenica! – attese che le due donne sparissero alla vista, e senza che Wilhelm se ne avvedesse, lo aggredì gettandolo a terra, colpendo con tutta la forza che aveva in sé, straziandone il corpo, cercando dentro di esso qualcosa che giustificasse l'amore di Domenica per lui – doveva esserci! –, ma per quanto frugasse, non trovò altro che viscere e sangue peccaminoso. Si consolò riprendendo il fazzoletto, il suo fazzoletto.

Dopo il resoconto, Pietro ricordò dove avesse visto quel frate, all'epoca rispondente al nome di Ugo Onesti, un depravato violento frustrato dalla propria deformità, un lascivo capace di compromettere la virtù della sua stessa sorella. Condannato era riuscito a fuggire e a far perdere le sue tracce. Punendolo per le sue colpe, ora l'avrebbero risarcita.

Pietro era affranto per la morte di Wilhelm, ma poi comprese la ragione per cui Dio li aveva voluti a Traversara: giustizia. Giustizia per due anime indifese.

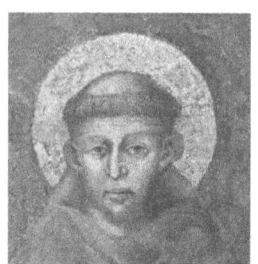

Cimabue, presunto ritratto di San Francesco, Assisi, Basilica inferiore

A sorella Povertà
di **Cecilia Torcigliani**

La luce nel centro Italia, sulle colline del monte Subasio, veniva filtrata dai robusti rami dei silenti e antichi alberi dei boschi. Tutto era materia, ma lo spirito evaporava come rugiada e risaliva fino alle vette di quei giganti verdi, come se qualcuno lo avesse risvegliato. Il vapore creato da una nuova coscienza spirituale avvolgeva tutta quella natura dinamica e viva nella sua essenza più pura che ogni giorno entrava a far parte della quotidianità degli uomini che abitavano quelle terre. Ricchi o poveri che fossero, tutti erano legati al contatto con nostra sorella madre terra, nonostante qualcuno da qualche tempo avesse iniziato ad anteporre alla divinità fecondatrice un nuovo idolo d'oro: il denaro giungeva da ogni dove e spezzava l'antico legame che l'uomo da principio aveva instaurato con la terra. Lo spirito fuggiva, si celava negli angoli bui della coscienza di quegli uomini e lì restava silente, spaventato per la repentina trasformazione di un mondo che non sarebbe più stato quello capace di farsi forte del proprio rapporto con la divinità che quella natura aspra e possente portava con sé. In quei tempi colmi di bellezza e crudeltà, fra il risveglio delle arti e l'apertura di una nuova pagina sulla reale grandezza del globo e la dura fratricida lotta fra i comuni, in particolare quella combattuta fra Assisi e Perugia, un uomo invitò lo spirito ad affacciarsi all'orizzonte, come un sole che fa di nuovo capolino dopo mesi e mesi di gelida oscurità invernale, rischiarata dal fuoco generato dai racconti intorno ai miseri focolari delle abitazioni dei contadini.

All'ombra preziosa di un grande albero, Francesco contemplava le spighe di grano che sembravano salutarlo felici per quella luce che arrivava da qualcosa di molto più grande di qualunque cosa fosse presente sulla terra. Durante le ore più malinconiche del giorno - quelle vicine al tramonto in cui gli uomini erano soliti rendersi conto che il sole stava per salutarli con la promessa di tornare ad illuminare le loro attività il più presto possibile - Francesco ammirava con il cuore traboccante di gioia tutti i doni che Dio aveva concesso agli uomini, piccoli e umili ingredienti di quello stupendo affresco di divina creazione. Fra i vestiti logori e rovinati, con i piedi massacrati dal continuo esercizio della povertà, quell'uomo cercava in modo disperato di vivere come colui che aveva visto dipinto su una croce rovinata dalle intemperie. Su quel volto aveva intravisto la vera via verso la felicità.

Comprese che non avrebbe potuto godere di tutta quella grazia che rifulgeva sulle umili creature intorno a lui senza prima farsi sommergere da quel calore che faceva sentire un timido tepore sulle sue membra stanche, ma ricolme della volontà di assaggiare la bellezza che uno dei suoi fratelli, il Sole, emanava per poche ore del giorno. Uscì dall'ombra dell'albero e inoltrandosi fra le spighe dorate di luce trovò un piccolo passero, a cui Dio aveva deciso di donare un po' del suo splendore per ripagarlo della ferita che si era procurato sotto ad un'ala. Una lacerazione non gli avrebbe concesso di vivere insieme ai suoi fratelli nelle terre calde, e di poter esplorare un mondo che solo a mercanti e uccelli migratori era dato visitare.

Francesco lo prese fra le sue mani ruvide e lo espose alla luce di fratello Sole che subito seppe consolare il piccolo animale con il suo alito tiepido e luminoso. Il passero chiese a

Francesco se Dio amasse anche gli uccelli come lui, ottenendo una risposta che nella sua apparente decisione faceva trasparire un velato senso di insicurezza. Un'esitazione che Francesco era solito colmare con la sua irrefrenabile voglia di donare l'amore a tutte le creature che Dio aveva creato così preziose e belle.

Scesero le tenebre nell'intervallo di tempo che Francesco dedicò a dare conforto a quel fragile animale, troppo debole per continuare a vivere. Al momento della sua morte era notte fonda e Francesco decise di dare pace eterna e durevole alla bestiola preparandogli un giaciglio di foglie e piccoli rami. Quando ebbe finito portò gli occhi al cielo ricercando la voce di Dio, affinché potesse capire perché egli aveva creato il suo frutto più bello, le creature viventi, così belle, fragili ed effimere allo stesso tempo. Dio non gli parlò mai quella notte, o almeno non a parole. Gli mostrò le stelle e la Luna, splendenti, luminose, pure ed immortali. Francesco le contemplò per tutta la notte senza la paura che svanissero, convinto che Dio le avesse create per dare una sicurezza nella caduca e crudele vita degli uomini. Riuscì ad addormentarsi solo all'alba, ricolmo di rinnovata speranza da donare ai disperati.

Lo svegliò un'improvvisa pioggia leggera, accompagnata da un vento insistente, ma che non lo costrinse a trovare riparo. Al contrario, lo spinse a rimanere lì, accanto all'albero sotto al quale aveva trovato una fresca dimora il giorno precedente. Ascoltò il rumore dei rami accarezzati dal vento, convinto che quella melodia fosse il mezzo con cui il creatore cercava di comunicare con le sue creature.

Parlò con il vento e bevve l'acqua che scendeva dal cielo a piccole gocce rigeneranti.

Gustava così l'essenza della libertà, che Dio mandava fra gli uomini oppressi attraverso una delle sue creature: frate vento. La felicità che Francesco cercava di trasmettere ai suoi fratelli, quelli nelle città e nei lazzaretti, nei vicoli dimenticati e fra le sontuose tavole circondate da armature lucenti, gli era stata donata dalla rinuncia a tutto ciò che aveva reso l'uomo un essere spietato, capace di rompere ogni vincolo che legava il mondo terreno a quello eterno. Il vento era stato più volte per lui l'intermediario dell'onnipotente e con lui aveva dialogato e anche discusso, chiedendo disperatamente che Dio gli concedesse una bussola per riuscire a portare la vita di Cristo fra gli uomini. Non sempre era riuscito nel suo intento. In molte città aveva avuto occasione di assaggiare l'amarezza delle beffe e degli insulti, talvolta da solo, altre volte insieme ai suoi compagni e amici nella povertà che cercavano ogni giorno di riportare le "pecorelle di Dio" al proprio pastore.

Rimase ancora qualche tempo a godere della libertà del vento e quando il sole aveva iniziato di nuovo a dare prova della sua immensa potenza decise di tornare dai suoi compagni, intenti ad alleviare i dolori dei poveri lebbrosi. Francesco immerse le mani nell'acqua di una bacinella per lavare quei corpi benedetti. Maneggiò con passione quella fluida materia divina riflettendo sulla santità degli elementi creati dall'onnipotente. L'acqua, con la sua umile bellezza e preziosità e il suo silenzio apparente era in grado di lavare quei corpi ridotti all'osso, stremati dalla crudeltà dello stato di reietti che portavano sulla pelle i segni della malattia. Francesco capì così che Dio amava tutti i suoi figli, poiché aveva donato a tutti, in ogni angolo della terra, un veicolo di santità tanto potente, che potesse placare negli uomini la sete fisica e quella dello spirito. L'acqua che passava sui corpi logori non diventava impura, bensì si arricchiva dell'aiuto che aveva portato a quei fratelli bisognosi.

Visto il grande impegno di tutti i fratelli, il sole fece presto a calare e pian piano la natura si riempì di buio, rischiarato solo dalla luce di una Luna grandissima che aveva portato con sé le sorelle stelle. Si coricò ed iniziò a sognare ad occhi aperti, in mezzo ad un giaciglio di paglia da cui non percepiva il fastidio della frescura notturna. Sognò le case degli umili e dei potenti, anche di coloro la cui casa era un piccolo angolo di un vicolo sporco o di una grotta buia. Vide gli occhi di tutti questi uomini rischiarati dalla luce di un focolare, sia nei grandi camini delle case nobiliari sia nella piccola fiamma prodotta da alcuni ramoscelli secchi trovati con molta fortuna. Il fuoco, con la sua potenza divoratrice, veniva visto da Francesco solo nella sua benevola intenzione di donare agli uomini la verità che la luce permette di far emergere dall'ignoranza di un buio che impedisce la visione della bellezza del creato. Si sentì riscaldato nello spirito sapendo che nessun uomo in quella notte era stato dimenticato dall'elargizione di doni del signore: la luna, le stelle, una piccola fiamma che si erge dall'oscurità.

Come ogni mattina si svegliò di buon'ora per ringraziare il creatore di tutta la luce che iniziava a mandare timidamente sulle colline ombrose. Toccò la terra umida con i suoi piedi scalzi sentendo in lontananza i galli che svolgevano la loro funzione di araldi del mattino. Affondò i piedi in quell'universo di umile splendore, che ogni giorno donava agli uomini una varietà straordinaria di frutti dolcissimi e preziosi. Vide alcuni fiori che iniziavano ad alzare la corolla per ordine del padre eterno, che li aveva mandati sulla terra con la missione di riempire gli occhi degli esseri viventi con i colori del paradiso. Accarezzò l'erba per ringraziarla del proprio sacrificio per sfamare le creature terrestri. Anche in questi piccoli esseri vide la gioia dell'amore. La visione di questo universo cosmico, che vedeva il connubio fra sorella madre terra e fratello sole come la chiave della vita degli uomini, spinse il cuore di quel piccolo uomo ad aprirsi ai milioni di opportunità di inseguire la felicità che il creato concedeva al genere umano.

Passò il resto della giornata nelle occupazioni di tutti i giorni, lo sforzo di mettere in pratica l'esperienza evangelica e con la volontà di portare gioia dov'era dolore e conforto dov'era disperazione. Rese grazie per la vita che la voce di Cristo gli aveva indicato di seguire, consacrata alla devozione per una delle sue sorelle più care: sorella povertà. Questa gli permetteva ogni giorno di vivere con l'umiltà di un piccolo ingranaggio di una macchina complessa e magnifica.

Così Francesco continuò a girare per quelle sue terre boscose, piene di fonti d'acqua purissime, consolato dalla luce del sole che non faceva distinzione sui volti da baciare.

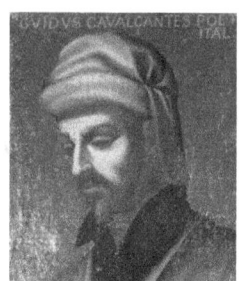

Ritratto di Guido Cavalcanti

Peccato di lussuria
di **Michele Sclavo**

Quel manoscritto aveva subito catturato la mia attenzione. Era lì, abbandonato ai margini della grande sala, ignorato da tutti, quasi l'uomo, nell'incoscienza, volesse proteggerne il segreto; quel codice, frutto della fatica dei monaci benedettini di Monasterolo, non era come gli altri: era unico, inimitabile. Mi avvicinai, lo aprì, iniziai a sfogliarlo con delicatezza, ne lessi dei pezzi, per capire quali opere custodisse: le Metamorfosi, le Satire, le Bucoliche... Lo sfogliai fino ad imbattermi in un testo a me molto caro; lessi il titolo e sorrisi nel vedere che era una copia della Commedia di Dante. Fu allora che mi resi conto che c'era qualcosa di strano, che non mi tornava, che non capivo. Chiesi di poter studiare quel manoscritto, mi fu accordato il permesso. Tornai a casa con le foto di quello strano testo, le salvai sul computer per non perderle e mi misi a leggere. Ciò che scoprì mi sconvolse, in un primo momento, poi suscitò in me una sorta di pietà per quella storia che aveva portato Dante, tradito e amareggiato, a scrivere il suo capolavoro. Mi appresto dunque a riportare parafrasando ciò che lessi, perché tutti ne vengano a conoscenza attraverso le stesse parole di Dante.

"Mai m'è capitato, in vita mia, d'assistere ad eventi così mirabili e terribili da gettare la mia anima fra le correnti dell'Arno, fino a renderla una sbiadita immagine di sé.

Dalla morte della mia donna onesta e gentile il ciclo delle stagioni si era susseguito per sei volte: sei volte l'inverno gelò ogni cosa, sei volte l'autunno produsse i vini e le castagne, sei volte l'estate arse il mondo, sei volte la primavera rigenerò la vita. Mentre ciò accadeva io passavo le mie giornate immerso nello studio della filosofia e nella politica del comune, piangendo Beatrice. Spesso andavo nel luogo dove era sepolta, per cercare conforto almeno nel pensarla beata nei cieli. Qui conobbi Gastone, suo fratello, che come me si straziava nel dolore di una perdita tanto grande. Molte volte ci incontravamo in quel luogo e con lui nacque un rapporto particolare e divenne mio discente. A lui insegnai l'arte del poetare, del filosofare, la teologia e la politica; mi era molto caro quel ragazzo: in lui mi rivedevo, mi rispecchiavo. Così passarono quegli anni, poi venne il 1300 dalla nascita di nostro signore e ogni cosa cambiò. Era appena iniziata la stagione di Venere e i fiori spandevano nell'aria il loro dolce effluvio. I villani erano tornati nei campi, nella speranza che Dio ci avrebbe donato un abbondate raccolto. Tuttavia quello era un periodo funesto.

Quella mattina c'era un gran baccano giù nel viatico. Si sentivano le donne singhiozzare nel loro sconvolgimento, gli uomini sussurrare, il tintinnio metallico delle armi, le urla delle guardie che tentavano di tenere lontani i curiosi. Qualcuno bussò con violenza alla mia porta. Corsi subito per aprire. Era Gastone. Nel viso aveva i segni dell'angoscia; non riusciva più a parlare tanto era scosso. Calmatosi mi disse: «Hanno ucciso una donna qui, stanotte. Donna Lucrezia la balia mia e di...» «Beatrice» conclusi io precipitandomi fuori senza nemmeno curarmi di chiudere la porta. Mi appressai al corpo senza vita con difficoltà data la folla presente e le guardie che cercavano di allontanare indiscreti curiosi, avvoltoi che girano nel cielo con movenze tondeggianti per fiondarsi su una carcassa e ridurla a brandelli. Mentre lottavo per un miglior punto di osservazione, quanto più in prossimità del cadavere, udì una voce che mi chiava. «Dante, o Dante caro!». Mi guardai intorno alla ricerca del proprietario della voce. Non vidi nessuno che conoscessi. Poi ecco una figura comparire dietro il soldato dall'erculea stazza. «O Dante. Per quantum temporem ego non vidi imaginem tuam?» «Per multas horas, Alexander, amice mi». Alessandro de'Alberighi, riposi in pace, fu mio compagno negli studi della filosofia e delle lettere. Era figlio d'un giudice. Aveva seguito le orme paterne; dopo gli studi era divento capitano della guardia d'ordine della città. Con il suo permesso potei avvicinarmi alla disgraziata. Lui sapeva quanto Beatrice mi fosse cara e quanto la balia fosse cara ai suoi due fratelli; lasciò, dunque che Gastone porgesse gli omaggi funebri alla morta, ed io con lui. «Chi può essere stato- domandai - a compiere un tale crimine contro Dio e l'uomo?» «La notte è piena - mi rispose - di ladri che aspettano solo l'occasione per colpire e fuggire, la mattina, compiuto il misfatto nel contado. Villani senza anima, adoratori del demonio». Mi guardai intorno. Notai un sacchetto nascosto dietro l'angolo d'una casa. Era mezzo coperto dalla stoffa d'una bancarella. Andai a prenderlo. Lo mostrai ad Alessandro. «Difficile che un ladro si liberi così della refurtiva» dissi dopo aver dato un'occhiata dentro. Conteneva non meno di 10 fiorini d'oro e svariate monete d'argento. «Ma non impossibile-disse egli a me-forse voleva farci credere diversamente; ma io son certo che sia il furto il movente di tale omicidio» e ancora «Mancano tutte le collane e gli anelli, oltre al prezioso rosario d'oro che fu di Beatrice.

Con quelli può farci venti volte tanto il valore di quel sacchetto». Poi mi interrogò e mi chiese cose in modo da confermare la sua tesi. È sempre stato un testone; se credeva di aver ragione non potevi più parlarci assieme. Fu così che trovò la morte: si inimicò il governo nero e venne giustiziato.

Sapevo che non avrebbe cercato la verità. Avrebbe preso un poveretto qualsiasi, un disgraziato, e lo avrebbe fatto ammazzare. Mi convinsi che fosse mio compito far emergere il vero; Beatrice me lo avrebbe chiesto, ed io lo feci per lei.

Proposi a Gastone di cercare il marito della donna: Facciavasi, un artigiano che produceva vasellame ed un noto ubriacone, un frequentatore assiduo di taverne; era meglio perderlo che trovarlo. Lo trovammo dormiente sul portone di casa. Qualche buona anima doveva averlo portato lì per sottrarlo alle ire dell'oste. Sperperava nel vino tutta la sua ricchezza ed ora non gli restava niente. Anche la moglie aveva smesso di prestargli denari; non fosse stato per il mal pensare della gente lo avrebbe già abbandonato da molto tempo. Lo svegliai. Ci disse di non ricordare molto della sera prima: ricordava di essere entrato nella taverna e nulla più. Più tardi ebbi la conferma che era stato alla taverna fino alla mattina, quando un fanciullo, mosso da cristiana compassione, lo aveva riportato alla dimora. Entrammo dentro per dare un'occhiata. Tutto sembrava iscritto nelle leggi della normalità; non c'era niente fuori posto. Guardai fra i gioielli. Le collane, gli anelli erano tutti lì, non mancava niente. La dama era uscita senza preziosi addosso, pensai che fosse una cosa strana. Non era solito vedere una dama sola e men che meno senza oggetti decorativi indosso.

L'occhio mi cadde su un cammeo. Aveva sopra l'effige di Beatrice. Lo presi in mano, lo esaminai.

Sul retro mi accorsi che c'era incisa una dedica: " Voi siete la freccia che trafigge il mio cuore e s'annulla il mio spirito".

Lasciammo la casa, Gastone venne con me. Io ero tormentato dai dubbi e dalle domande, le stesse che tormentavano le questioni che Gastone mi poneva. Mi rifugiai nel mio studio. Mi sedetti fra i pochi codici che vi conservavo e pensai. Perché quella donna pia era stata uccisa? Chi l'ha ammazzata? C'entra Beatrice? Cosa sapeva in più degli agli su Beatrice? Conclusi che qualche risposta l'avrei trovata a Palazzo Portinari. Ormai il giorno volgeva al termine. Helios stava conducendo il suo carro verso casa; accesi, quindi, alcune candele, mi misi allo scrittoio e iniziai a leggere.

Sorse il sole, tramontarono le stelle e la luna si lasciò coccolare dalle carezze del suo gentil amante. Gastone entrò nel mio studio. «Dante, non hai dormito neanche stanotte? A forza di leggere così tanto ti dovranno operare coi tizzoni ardenti?» «Certum non est, Gasto». Risposi io facendomi beffe di lui, che il latino lo balbettava come i villani. Mi guardò male, io sorrisi beffardamente. Lui sbuffò in risposta, forse pensava "arriverà quel giorno benedetto in cui sarò io a prenderti in giro, Dante". Gli dissi di prepararsi: saremmo andati a fare due domande a suo fratello Cosimo. Giungemmo in prossimità di Palazzo Portinari; la stretta via ci permetteva di intravedere la meta oltre le tende delle botteghe.

Un urlo risuonò per la piazzetta innanzi al palazzo; uscì una domestica, tale Lucia, con le mani ed il petto e il viso luridi di sangue. Le guardie presenti in loco non vi pensarono due volte prima di arrestarla. Alessandro accorse. Mi trovò e mi domandò cosa ci facessi lì. «Penso – risposi - la stessa cosa che sei venuto a fare tu».

Alessandro mi rispettava troppo; non mi avrebbe mai impedito di curiosare: mi conosceva e conosceva la mia determinazione. Con una scusa lo indussi ad entrare in casa. Il pavimento era marchiato da gocce di sangue: erano quelle della domestica cadute nella corsa verso la piazza. Le tracce ci portarono fin innanzi allo studiolo di Cosimo. Entrammo. Riverso sulla scrivania c'era il suo corpo senza vita. Un pugnale svettava alto dalla sua schiena. Compresi immediatamente che qualcosa stava collegando questo all'altro omicidio: l'anello di congiunzione era Beatrice. Gastone ebbe un attacco isterico. Lo portarono fuori e lo consegnarono alla servitù perché fosse tranquillizzato. Alessandro portò via la giovane serva; la interrogò, o, forse sarebbe meglio dire, la torturò, con metodi brutali. Voleva che confessasse gli omicidi che non aveva mai commesso. Approfittando della distrazione venutasi a creare, mi appropriai dei documenti che riuscì a trovare; li avevo più a cuore io del mio amico comandante: lui aveva già la sua colpevole per l'uno e l'altro delitto.

Gastone insistette per rimanere lì. Io sapevo quanto gli avrebbe fatto male, quanto avrebbe sofferto; alle fine lo convinsi a passare qualche tempo con me. Non mi andava di lasciarlo solo, in quella casa enorme, con la sola servitù.

Passai tutta la notte a leggere le carte dei Portinari. Pagine e pagine di appunti disordinati, che quasi si sovrapponevano gli uni agli altri, relativi agli ultimi anni della mia donna dal cor gentil. Scoprì che aveva iniziato un'adultera relazione con un rispettabile uomo della città. Non seppi di chi si trattava. Il suo nome era stato cancellato con dell'inchiostro; qualsiasi tentativo io abbia fatto per scorgerne anche solo una lettera s'era rivelato vano. Intuivo, tuttavia, che c'entrasse qualcosa con tutto il disordine di quei giorni.

Mentre ero assorto in questi pensieri, Gastone entrò, aprendo la porta con estrema delicatezza, e si sedette di fronte a me. «Queste son le carte che erano nello studio di mio fratello?» mi domandò, ed io a lui con desolazione: «Credo siano solo alcune di quelle carte. Secondo me mancano delle pagine; è evidente. Fra alcune pagine manca un senso di continuità logica. Ad esempio qui dice che tua sorella soleva incontrarsi con un tale in un'osteria, ma la frase finisce lì. Presumo continuasse in un foglio che non sono riuscito a trovare. Siamo come in una via senza uscita.» «Adesso che ci penso - rispose il ragazzo - mia sorella usciva spesso, diceva sempre che andava in campagna a caccia del cinghiale bianco. Non credo che ne esistano. Se il cinghiale bianco fosse il nome dell'osteria che cerchiamo». Ci pensai. Non collegai quel nome a nessun locale in città. Poi un lampo attraversò la mia mente: «Certo! Hai ragione Gastone; il "Cinghiale bianco" è una nota taverna - dissi io alzandomi e correndo verso l'uscita - vicino a Porta San Lorenzo. È frequentata da popolani, villani, prostitute... Il che la rende il luogo perfetto per incontrarsi senza dare troppo nell'occhio.» La raggiungemmo passando per le strette vie della città, dovendoci spesso fermare a causa dei carri che percorrevano quelle stradicciole o per le molte bancherelle delle botteghe che le rendevano ancora più strette. La porta era aperta. «Che strano» «Strano?» «È famosa per aprire solo nelle ore notturne, non è mai aperta durante il giorno». Quella taverna era un'eccezione; apriva solo la notte perché, specialmente in quegli anni, iniziavano a frequentarla molti preti del contado o di quel sesto in cerca di compagnia: l'oscurità li rendeva irriconoscibili. «Muoviti - feci voltandomi verso il mio compagno - deve essere successo qualcosa di grave». Supponevo bene.

Entrando trovammo il corpo dell'oste disteso esanime su un tavolo. Per terra già c'era un lago di sangue. «Presto corri al comando della guardia d'ordine. Io do un'occhiata. A loro racconta che sto tenendo lontani i curiosi per evitare che inquinino la scena». Gastone partì. Io cercai qualcosa che assomigliasse ad un indizio. Su un tavolo trovai delle parole incise, erano disposte come ad essere parte di un verso. Attorno si notava il goffo, ma efficace tentativo di nascondere le altre parole. "voi, occhi, cuore". Solo questo ero riuscito a leggere. Gastone tornò con le guardie. Io fui interrogato, poi mandato via. Ero ad un punto morto e forse non sarei mai riuscito a trovare quella verità che cercavo; mi mancava il tempo. Il governo della città era sempre più incerto; noi guelfi sembravamo essere due partiti, non uno. Il disordine era all'ordine del giorno. Molti dei miei amici bianchi erano stati tradotti in carcere con l'accusa politica di essere ghibellini ed erano stati resi inoffensivi e similmente noi facevam coi neri, come se da sempre fossimo stati nemici. La politica mi assorbiva sempre di più. Mi sentivo dilaniato nell'anima. Non mi sarei mai perdonato se non avessi risolto quell'enigma. Beatrice mi era troppo cara; era come se le avessi fatto una promessa, ora mi sentivo obbligato a mantenerla.

Quella notte rimasi sveglio a pensare. Poi il sonno mi vinse. Mi addormentai ed ecco comparire davanti ai miei occhi una radura di abeti. Sotto uno di questi, il più maestoso, una donna angelicata, vestita di verde. Si rinfrescava nelle acque di un fiumiciattolo. La riconobbi. Lei si voltò e mi disse: «Dante. Eccoti finalmente. Ti stavo aspettando» «Beatrice!» feci io sbalordito. Ella s'alzò. Mi si appressò. «Dante. Da tempo ormai io ti aspettavo; io ti dovevo parlare. Tu corri un grave pericolo, Dante: la tua anima è nera come il carbone. Stai andando incontro alla seconda morte.» «Cosa intendi, Beatrice? Cos'ho fatto per dannarmi l'anima?» «Più di quel che dissi dirti non posso. Per te si prepara un gran cammino di redenzione, questo posso ancora dirti».

Io rimasi impietrito, avevo paura di bruciare fra le fiamme dell'inferno. «Ciò voglio ancora dirti - continuò lei - la mia morte non per natura avvenne, ma per umana mano fu. Un uomo crudele, che solo voleva la mia carne, mi spinse sulla via della perdizione. Io mi accodai a lui in questa via, ma poi compresi quanto fosse grave il mio errore. Cercai di respingerlo; volevo espiare la mia colpa in pubblico, ché fossi di esempio per molte fanciulle. Non me ne diede l'occasione».

Detto questo, si voltò, senza più proferire parole, e scomparve. Io mi svegliai che era già giorno. Avevo tutto chiaro nella mia mente, meno la cosa più importante chi fosse stato. Era chiaro, ormai, che tutto fosse collegato a quel segreto rivelatomi in sogno dalla stessa Beatrice. Sapevo inoltre che il suo assassino era il responsabile anche degli altri omicidi.

Non avevo più tempo. La politica della città mi reclamava: mi volevano fare priore. Anzi, era ormai certo, sarei stato priore. Addio ad ogni velleitario desiderio di mantenere la tacita promessa fatta a Beatrice. Troppo grave era il mio incarico; Firenze era sull'orlo della guerra civile. I Cerchi ed i Donati: i novelli Cesare e Pompeo. Quella mattina ero uscito di casa presto per dirigermi verso Palazzo Vecchio, lo avevano appena costruito; la sua istituzione era nuovissima. La piazza era calma, placida; sembrava quasi addormentata. Entrai, raggiunsi il corridoio dell'aula dove si doveva svolgere la votazione.

Nel corridoio s'era appressata una gran fiumana di persone. Erano i membri del consiglio, tutti lì, concentrati nello stesso punto. Intravidi il mio fido amico Guido. «Guido, cos'è tutto questo trambusto?» - feci io a lui ed egli a me - «Una tragedia! Albizzi, uno dei più grandi uomini che questa città abbia conosciuto è stato vinto dalla mano omicida di questo scapestrato - disse indicandomi un giovane ragazzo sorretto dalle guardie, mezzo svenuto - che la sua anima riposi nella gloria di Dio». Mi avvicinai al fanciullo, lo riconobbi. Era Gastone. Ne rimasi sconvolto. Molti sapevano che era mio discepolo e altrettante erano le malelingue nere che mi imputarono, lì per lì, l'omicidio. I bianchi mi difesero. Si decise allora di processare il giovane quello stesso pomeriggio, rimandando il sorteggio dei priori al mattino seguente. Il capitano della guardia d'ordine, Alessandro, si era convinto, ora, che ci fosse Gastone dietro tutti i delitti. Asseriva che la posizione al mio seguito lo avrebbe protetto e messo in una collocazione strategica. A detta sua sarebbe stata abbastanza privilegiata per anticipare ogni mia mossa. Non ce la feci a rimanere. Con una scusa me ne andai. Volevo parlare con Gastone: ardevo dalla voglia di conoscere cosa lo avesse spinto ad un tal gesto. Mi disse che non c'entrava nulla: spiegò che era in una taverna, voleva divertirsi un po'; si era addormentato e risvegliato sorretto dalle guardie, lurido di sangue con un pugnale in mano. Tanti non gli avrebbero creduto; ma a me venne di credergli. Che senso avrebbe avuto sterminare la sua famiglia? Era troppo piccolo quando sua sorella era morta; non avrebbe potuto capire o sapere quello che gli altri, quelli che sono stati uccisi, sapevano. Non trovavo soluzione all'enigma. Mi diressi verso il cimitero. Avevo bisogno del sostegno che Beatrice mi avrebbe dato. Mi sistemai davanti alla sua tomba.

La guardai con gli occhi lucidi; mi dava troppo fastidio non riuscire a mantenere la mia parola. Vi era un anello appoggiato sulla croce. Era vecchio ed arrugginito. Qualcuno lo aveva collocato lì il giorno del suo funerale. Lo presi. Lo esaminai. L'interno era ancora in buono stato. Ne lessi una dedica. "Sono desolato che il fendente partito dal mio cuore abbia allontanato gli spiriti dal tuo corpo e abbia fermato il tuo. Guido". Tutto mi divenne chiaro. Non poteva essere stato che lui: Guido Cavalcanti. Aveva sedotto Beatrice; l'aveva posseduta. Lei lo voleva lasciare, voleva rivelare a tutta Firenze la loro relazione per espiare il suo peccato di Lussuria. Guido non poteva compromettersi e l'ha fatta tacere con la forza. Lo sconvolgimento era tanto. Tornai al palazzo del governo, dove Gastone era sotto processo. Irruppi nella sala ed esposi la mia versione dei fatti. Cavalcanti mi guardava di sbieco, con odio, mentre, incalzato, confessava tutto. «Beatrice era una come altre. Morto un papa, dopotutto, se ne fa un altro», concluse. Lo imprigionarono. Quando fui priore lo feci esiliare, non sopportavo quello che aveva fatto, ma era un amico fraterno; non mi sentivo di metterlo a morte. La sorte, poi, mi spinse in questo cammino di redenzione che così merita di avere inizio:

A volte si sussurra ai venti
che non esista una verità,
ma a me comparve tanto
rilucente da riempire di buio
i miei occhi,
e spingermi a vagare in un regno dominato da tenebre
e perdizione.

Nel mezzo del cammin di nostra vita… (ndr. il resto è noto a tutti)."

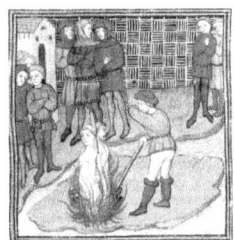

De Vita Nova di Salvatore Esposito

Era un'alba livida e fredda. Le ombre della notte si dissolvevano lente e gelose del buio. Mi fermai per prendere fiato, appoggiato ad una palizzata. Mi liberai dell'armatura tenendo con me solo la spada, sguainata e ancora sporca di sangue.

Il rogo dei Templari da un manoscritto della fine del XIV secoloi

Intorno a me lo scalpitio ripetuto e cadenzato degli zoccoli dei cavalli echeggiava, circondandomi e stringendomi come in una morsa. I miei inseguitori continuavano a cercarmi e sentivo il loro fiato sul collo. Ero stanco morto e per la prima volta avevo paura di non farcela. Sentivo un grande fremito pervadere la mia anima, mentre il cielo si tingeva di rosso colorando i muri con lingue di fuoco. In fondo alla strada c'era la mia salvezza: una basilica edificata da poco, adiacente al convento dei frati minori, lì avrei potuto trovare accoglienza. In quel luogo santo la giustizia umana non mi avrebbe potuto raggiungere e sarei stato salvo. Dando fondo alle ultime energie che avevo in corpo, corsi come un forsennato e varcai la soglia della chiesa. Intinsi le dita della mano destra nell'acqua santa e con la coda dell'occhio vidi un grumo di sangue cadere nella vasca e sciogliersi lasciando una scia rossa dietro di sé, mentre precipitava sul fondo. In breve tempo il liquido tornò di nuovo incolore. Pensai alla mia anima, bisognosa di immergersi nell'acqua redentrice, per pulirsi di tutti i grumi sedimentati da anni. Pensai al mio desiderio di rinascita irrealizzato. Sentii ancora più forte questo bisogno perché temevo realmente di essere a pochi passi dalla morte. Stanotte sarebbe bastato un attimo di distrazione, una impercettibile mancanza di riflessi e ora a combattere tra la vita e la morte sarei stato io. Da un finestrone aperto vedevo il cielo diventare plumbeo, come se volesse interpretare la mia profonda tristezza. Pensai che ancora una volta la mia città natale mi avrebbe visto fuggire come un ladro. In chiesa c'era un silenzio insolito che mi rasserenava l'anima. Ma durò solo un attimo. Lungo la navata c'era un affresco che raffigurava la crocifissione. Un brivido mi percorse quando vidi quella immagine così viva da apparire terribilmente reale. A colpirmi era il volto degli angeli in preda alla disperazione, che ornavano una croce orribilmente vuota e insanguinata e il corpo di Gesù disteso a terra circondato dalle pie donne doloranti. La scena era così viva che avevo la sensazione di immergermi dentro. Il mio dolore era nulla rispetto a quello di Cristo, il sangue di un innocente contro il sangue di un quasi omicida come me. Perso nei miei pensieri avevo dimenticato di essere braccato da uomini sanguinari accecati dal sentimento più umano di tutti: la vendetta. A ricordarmelo ci pensò una carrozza che varcò di corsa il cancello facendo slittare le ruote prima di fermarsi davanti al sagrato. Istintivamente impugnai la spada avendo premura di sguainarla solo in caso di necessità. Mollai serenamente la presa quando vidi entrare una donna dal passo svelto dirigersi verso la sagrestia, passando dalla navata laterale opposta alla mia. Aveva il volto coperto da un copricapo, portato a mo' di cappuccio, che le oscurava il viso. Se è vero che Dio riposa nei dettagli, fu proprio grazie ai piccoli particolari rubati a una maniacale premura di anonimato, che riuscii ad apprezzare la giovane età e la speranza di un nuovo incontro come una seconda opportunità. Attratto da quella sorta di apparizione, la mia mente fu rapita da fortissime sensazioni provenienti dal passato.

Era l'anno della soppressione dell'Ordine dei Templari a opera di Papa Clemente V e dell'infame Concilio di Vienna.

La mia mente ritornò a un amore ardente, in perenne lotta con le convenzioni religiose.

Ero alla corte del Monferrato per un matrimonio. In quella occasione galeotta conobbi una donna, sposata con un anziano signore, nobile e potente. Avemmo un lungo periodo di giuochi amorosi, senza remore e senza rimorsi.

Le avevo garantito fedeltà assoluta e devozione, come se fosse un giuramento, anche se sapevo che non avrei mai potuto sperare nulla di più del buio della clandestinità.

Quella esperienza, insolita per un uomo che un tempo aveva promesso di dare la sua vita in battaglia, in nome di Cristo, mi insegnò che avere fede veramente non vuol dire non cadere mai, ma avere la forza di rialzarsi sempre. Rapito dai miei pensieri, tornai alla realtà quando udii il pianto della donna uscire dalla sagrestia, un singhiozzo a tratti irrefrenabile. Ebbi timore ad avvicinarmi, temendo di ascoltare il contenuto segreto di una confessione, perché quelle lacrime non sembravano figlie di una pace ritrovata, ma di una prova ancora in corso, di un peso troppo grave ancora da portare. L'insana curiosità che è sempre figlia della tentazione, mi diede la forza di osare. Mi avvicinai rimanendo nascosto dietro a un'altra colonna posta a pochi passi dall'altare maggiore. Controllavo a stento il mio respiro che era diventato improvvisamente affannoso per il pathos che la situazione aveva generato in me. "Se dovesse morire prima del battesimo, cosa ne sarà di mia figlia? Padre mi aiuti. Piuttosto che affidarla alla terra sconsacrata e immaginarla nel Limbo sono pronta a intraprendere il lungo viaggio verso il "santuario della doppia morte" che si trova sull'altro versante della montagna".

"Parlerò col Vescovo, ma lui è contrario a impartire il battesimo ai neonati e poi c'è bisogno di una chiesa battesimale". "Padre la scongiuro non voglio che mia figlia muoia senza il sacramento, la prego, faccia il possibile".

"Affiderò alla Madonna le sue lacrime, la Madre di Nostro Signore saprà trasformarle in grazie copiose per aprire nuove strade, abbi fede figlia mia". "Grazie padre Arturo, lei è un sant'uomo, preghi per noi e soprattutto faccia l'impossibile per la mia creatura". Ascoltavo ed ebbi conferma dal timbro di voce calda, simile per me ad un suono celestiale, che quella donna era Matilde, la mia Matilde. "Adesso dove andrà?", chiese il prete. "Torno a casa, al suo capezzale, a pregare. Sta molto male". Si accomiatò ricevendo la solenne benedizione del sacerdote. A un tratto il sangue cominciò a pulsarmi nelle vene. Quell'angelica figura avrebbe di nuovo cambiato il corso della mia vita. Mentre usciva dalla chiesa, all'altezza dell'ultima navata, l'avvicinai e la tirai a me ed ebbi la conferma. "Sei tu, non ci posso credere", le dissi guardandola negli occhi. Il suo sguardo era triste, aveva ancora le lacrime che copiose le segnavano le guance come solchi profondi. Non fece trapelare alcuna emozione nel vedermi.

"Sono rimasta sola, sola con mia figlia, che sta malissimo e nessuno mi vuole battezzare. Ho una spada che mi trafigge il cuore, ma la fede mi dà speranza, so che se riceverà il sacramento vivrà e proverà le gioie che io non ho assaporato". Mi rivolse i suoi occhi grandi e cangianti che mi avevano fatto innamorare. Lo sguardo le tornò per un attimo scintillante e pieno di amore come un anno fa. E in me una scintilla riaccese un incendio.

"E tuo marito?".

"Pistoia è stata assediata dai fiorentini, ci hanno presi per fame. La vittuaglia venia mancando che v'era chi era così spietato che il padre cacciava i figliuoli e le figliuole, i figli il padre, il marito la moglie, e molti sono morti di fame prima di combattere. Poi è arrivata la peste ed è morto anche Galeazzo". "Sono addolorato per tuo marito", mentii e rincarai, "l'anima sua senza dubbio se n'è ita a contemplare quelle celesti fabbriche che non patiscono opposizione alcuna, ma la memoria e il nome restarà qui in terra e nel pensiero e nelle menti degli uomini dabbene longamente".

"Purtroppo sono spariti tutti e sono rimasta sola". "Ora ci sono io e posso aiutarti". "A me non devi niente, a me hai già dato tanto, una nuova vita". Una nuova vita? A un tratto capii ciò che volesse dire, una nuova vita cresciuta - finora - senza di me, senza che io lo sapessi. "Non preoccuparti", le dissi, avvertendo una responsabilità nuova, pur sapendo che nella mia situazione non avrei potuto garantire nulla a nessuno. "Ci vediamo alla messa vespertina". Sei sicura che un'altra vita non la stai dando tu a me? Pensai tra me, mentre spariva nel chiarore del giorno. Ora dovevo ottenere rapidamente quella protezione negli ambienti ecclesiastici, che era l'ultimo salvacondotto per la libertà.

All'appuntamento Matilde fu puntuale. Non piangeva più, forse perché aveva finito le lacrime. Il suo sguardo era quello di un naufrago che punta l'orizzonte alla ricerca di terra. Le raccontai che mio zio chierico che era vicino, se non seguace dei padri conciliari, avrebbe impartito il sacramento il Sabato Santo usando un recipiente di legno perché non c'era una chiesa battesimale e senza immergere per intero l'infante, con una scutella avrebbe versato l'acqua sul capo e sul corpo del bambino, così non si sarebbero corsi rischi di annegamento.

Riprese a piangere ma questa volta fu di sollievo.

"Dovrò aspettare e pregare ancora un mese, spero solo che mia figlia vivrà abbastanza". "Sicuramente", le dissi, "abbi fede", e diedi fondo a tutto il mio credo, quello che era rimasto. "E tu che farai", mi chiese. "Conterò i giorni e ti seguirò a distanza. Ora devo sparire per un po'", la rassicurai. Non ero certo che l'avrei rivista, dovevo rimanere vivo per un lungo periodo. Ed era un tempo lungo. La notte prima della cerimonia rimasi sveglio come in preda a una insonnia fatale.

Poi, finalmente, il giorno arrivò. Solo Matilde sapeva quanto aveva sofferto pensando al destino terribile che avrebbe atteso l'anima della sua bimba se fosse morta senza battesimo. Con la piccola in braccio, circondata dai padrini e dalle madrine, oltrepassò la soglia e sparì nella penombra della chiesa. Dall'interno echeggiarono le parole della formula trinitaria, che segnarono l'entrata di una nuova cristiana nella Chiesa: "Pro baptiçandis itaque infantibus (...) unaqueque basilica seu ecclesia batisimalis fontes lapideos habeat si potest habere, alioquin vas ad hoc habeatur ligneum speciale. (...) Ubi verum tanta aque vel temporis copia vel vas aptum ad hoc haberi non potest ut totaliter infans mergi possit, cum scutella vel alio vase aliqua aque quantitas super capud et corpus infantis, dicendo premissa verba, fundatur".

Un'altra anima era stata indirizzata sulla via della redenzione.

Ardemagno di Sveland e Arsenigo di Casteldaiano di Santi Epasto

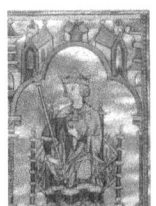

Luigi IX di Francia in una miniatura del 1230 circa

Ardemagno di Sveland e il Barone Arsenìgo di Casteldaiano erano due valorosi cavalieri che parteciparono alla VII Crociata, quella denominata "La Crociata dei Francesi. Nel 1249, sotto la guida del Re Luigi IX, che poi sarebbe stato santificato dalla Chiesa, partirono 15.000 armigeri Francesi e pochi altri cavalieri esteri; tra questi vi erano il teutonico Ardemagno di Sveland e l'italico Arsenigo di Casteldaiano. Sveland era una regione piovosa e fredda del Nord, culla, fin dai tempi dell'Impero Romano, di fieri cavalieri germanici. Lo zio di Ardemagno, Ulrico di Sveland, era stato uno dei principali nobili tedeschi che contribuirono alla fondazione in Terra Santa dell'Ordine Teutonico, definito meglio come *"Ordine dei Fratelli della Casa Ospitaliera di Santa Maria dei Teutonici in Gerusalemme"*. Arsenìgo, mentre era in Terra Santa, aveva ereditato una baronia con un modesto appezzamento di terreno sulle colline bolognesi. Quella Crociata non ebbe fortuna e Luigi fu sconfitto dai musulmani Ayyubidi, comandati da Al-Salih Ayyub. Ardemagno, però, si era guadagnato la stima del Re, che, così, lo incaricò di una importante missione: andare dal Papa e raccontargli in dettaglio come fossero andate le cose in Terra Santa e poi recarsi al torneo, che si doveva svolgere nel mese di maggio in un castello della Bretagna, immerso nella foresta di Broceliande, per comunicare che il Re sarebbe rientrato a breve a Parigi e che tutti i cavalieri sarebbero stati convocati per una grande Dieta. Luigi IX voleva tenere a bada i suoi irrequieti cavalieri, in quanto ben sapeva che durante i tornei potevano accadere cose spiacevoli, come la costituzione di nuove alleanze dei nobili contro il re. Erano cinque anni ormai che era in Terra Santa e la lontananza, si sa, può creare situazioni compromettenti. Luigi predispose, perciò, un'adeguata missiva con tanto di sigillo reale e la consegnò ad Ardemagno. Nell'atto di ricevere la pergamena dalle mani del re, Ardemagno ebbe un attimo di esitazione. Luigi, cupo in volto, temette che il valoroso cavaliere volesse rifiutare l'incarico ma non era quella la ragione. Con fare ossequioso Ardemagno si rivolse al re:

"Sire. Sono orgoglioso di ricevere questo incarico così delicato ma mi manca qualcosa..."

"Ah! Ho capito." Disse Luigi benevolmente.

"Volete la mia benedizione."

"Maestà, non è questo..."

"Ah no! E cos'è?"

"Il viaggio è lungo... dobbiamo prendere navi, cambiare cavalli... costa parecchio; siamo cavalieri non possiamo rubare e razziare per sostentarci".

"Giusto! Invierò una squadra a rastrell... pardon ... a chiedere offerte per il vostro lungo viaggio. Quanto vi serve?"

"Almeno 100 bisanti d'argento."

"Li avrete." Rivolto al comandante delle guardie indicò: "Passate a chiedere anche agli Ospitalieri." E infine, precisò: "Dimenticavo di dirvi che il papa attualmente non è a Roma ma è a Napoli."

Ardemagno era felice per quell'incarico, che gli permetteva di andare incontro a nuove avventure. Qualche giorno dopo, il comandante della squadra si presentò da lui con soli 50 bisanti.

"Non siamo riusciti ad avere di più." Disse con finta rassegnazione.

"Li faremo bastare." Rispose, risentito, il cavaliere e gli girò le spalle. Mentre il comandante stava allontanandosi si sentì chiamare da Ardemagno; si voltò indietro e si trovò una lunga spada che si era tanto affezionata al suo prezioso collo che non lo voleva mollare. Magicamente, apparvero gli altri 50 bisanti che gli Ospitalieri avevano prelevato dalle loro consistenti riserve e offerto per la missione, come richiesto dal re.

Preso il denaro, continuò i suoi preparativi per la partenza. Pensò che fosse utile avere un compagno di viaggio, in modo da affrontare insieme eventuali difficoltà. Esaminò mentalmente la lista dei cavalieri disponibili e si soffermò sul Barone Arsenìgo di Casteldaiano, che giudicava ottimo combattente, tanto da essere uno dei pochi cavalieri sopravvissuti, insieme a lui, alla disfatta di Luigi. Arsenìgo accettò molto volentieri la proposta e così Ardemagno ordinò a due scudieri, reclutati tra gli indigeni locali, di caricare armi e bagagli su due cammelli. Avrebbero viaggiato senza indossare l'armatura, sia per essere più veloci, sia perché tenere l'armatura addosso sotto i raggi cocenti del sole non era cosa affatto piacevole. Sarebbero andati ad Acri, dove avrebbero preso una nave per Messina; da lì si sarebbero imbarcati per Napoli. Dopo l'incontro col Papa Innocenzo IV, avrebbero preso una nave per Marsiglia e da lì un'altra nave per la Bretagna. Ivi giunti, il viaggio sarebbe proseguito via terra. Così, Ardemagno, Arsenìgo e i due scudieri partirono alla svelta verso Acri. Lì giunti, gli scudieri vendettero cammelli e cavalli e il gruppo si imbarcò. A Napoli, Ardemagno raccontò al Papa, per filo e per segno, come fossero andate le cose in Terra Santa e ne registrò il suo immenso dispiacere. Effettuata la doverosa incombenza, partirono per la Bretagna. Lì giunti, comprarono carretto e cavalli e in breve si immersero nella paurosa foresta di Broceliande. Percorsero le strade consolari romane, quelle che avevano permesso a Giulio Cesare di dominare la Gallia e sulle quali si trovavano osterie per il ristoro e per il cambio dei cavalli. Il viaggio procedeva tranquillo. Ardemagno, però, era preoccupato, perché sulla foresta di Broceliande aveva sentito strane e inquietanti storie, di maghi e di folletti, che si nascondevano e apparivano all'improvviso, facendo tremare dalla paura i malcapitati. Raccontò, perciò, al compagno di viaggio quanto sapesse su quelle storie fantastiche. Arsenìgo, da buon guerriero, non pose attenzione a quelle strane favole e disse che se si fosse presentato un elfo lo avrebbe infilzato per bene e lo avrebbe appeso ad un albero. Gli scudieri, invece, nel sentire quelle storie, tremavano dalla paura, perché anche loro avevano sentito dai soldati in Terra Santa il racconto di storie terribili su gente a cui avevano mozzato la testa e che maghi e folletti se la passavano in un terrificante gioco a circolo. Erano giunti verso la fine del viaggio via terra e mancava poco all'arrivo nel castello. Il cielo minacciava tempesta e l'aria si incupiva, perché le dense nuvole del cielo si chiusero in un abbraccio tenebroso, facendo da pesante schermo alla luce del sole. Man mano che avanzavano, la vegetazione diventava sempre più fitta; spesso i rami invadevano il sentiero e bisognava scansarli continuamente; la strada consolare era sparita sotto l'erba della foresta o forse aveva preso un'altra direzione. Facevano fatica a seguire il sentiero, come indicato dall'oste. Era giorno ma sembrava mezzanotte.

Ardemagno guardò preoccupato Arsenìgo, ma questi gli rispose con un sorriso e gli disse di stare tranquillo. All'improvviso, sentirono delle voci terrorizzate.

"Fuggite, fuggite. Non entrate nell'inferno."

70

Grida e urla in lontananza, maschili e femminili, si mescolavano in un crescendo pauroso. I due cavalieri cercarono di capire da dove venissero quelle voci. Girarono intorno con i cavalli, ispezionarono attentamente quei luoghi ma non videro nessuno. All'improvviso, come tutto era cominciato, tutto finì. Sulla foresta calò un silenzio di tomba che impaurì gli scudieri più delle voci stesse. I cavalieri, spada in pugno, proseguirono con attenzione, mentre il cielo cominciò a riversare sulle loro teste una pioggia d'acqua fredda e abbondante, quanta non ne avevano mai visto. Il carretto si impantanava e non era possibile proseguire. Cercarono riparo sotto un albero dai rami larghi e protettivi. All'improvviso un fulmine colpì l'albero più alto, che era appena a 100 passi da loro. L'albero si incendiò in un fragore assordante e in una luce abbagliante. Gli scudieri corsero via impauriti, a tutta velocità nella direzione da cui erano venuti e in breve sparirono tra gli alberi della foresta. In quel particolare frangente non fu possibile fermarli. Ardemagno e Arsenìgo attesero vigili la fine della tempesta. Dopo alcune ore il cielo si placò; il sentiero, però, era del tutto sparito e occorreva fare un'ispezione accurata per capire in che direzione andare. Della cosa si incaricò Arsenìgo, mentre Ardemagno rimase accanto al carretto con le armature. Dopo qualche minuto, si sentì un tonfo e la voce di Arsenìgo urlare. Ardemagno corse subito verso la direzione da cui proveniva la voce e trovò il compagno a terra con la fronte sanguinante ma fortunatamente sveglio.

Arsenìgo raccontò che qualcosa di pesante gli era caduta in testa, tramortendolo e facendolo cadere da cavallo. Ardemagno vide una grossa pietra lì vicino e intuì che qualcuno l'avesse tirata addosso al suo compagno, colpendolo, fortunatamente, di striscio. Guardò in alto, girò e rigirò col cavallo in tutte le direzioni ma non vide nulla; anche la spada e il cavallo di Arsenìgo erano spariti. Ardemagno ripose la spada nel fodero attaccato alla sella e scese da cavallo per soccorrere il compagno. D'improvviso, un leggero fruscio solcò la fredda aria della foresta e il cavallo si imbizzarrì come se fosse stato colpito da qualcosa o se avesse visto un essere spaventoso, per cui si mise a correre velocemente verso il folto della foresta, invano inseguito da Ardemagno. Dopo intense ricerche, i due ritrovarono il carretto, però, senza cavallo e senza armature. Si resero, così, conto che nella foresta non c'erano maghi o elfi, ma solo ladri molto ben organizzati ed efficienti. Per fortuna, però, avevano ritrovato il sentiero indicato dall'oste. La sera incombeva e non era il caso di proseguire. Fu una notte agitata; restarono di guardia a turni di due ore, finché un raggio di luce non fece capolino sui loro visi assonnati. Si alzarono decisi e si misero in moto. Dopo una faticosa marcia, arrivarono finalmente al castello e si presentarono all'ingresso, dicendo di essere due cavalieri che venivano dalla Terra Santa. Le guardie li presero per millantatori e li indirizzarono verso le cucine, dicendo loro che lì avrebbero trovato il re in persona. I due cavalieri reagirono a quell'offesa ma furono subito circondati dalle lance delle guardie e si dovettero arrendere. Furono, così, condotti alle cucine e messi al servizio del cuoco. Quando le guardie se ne furono andate, i due cavalieri sgattaiolarono fuori e si introdussero furtivamente dentro il castello.

Salirono al piano nobile, il primo piano, e videro che c'era in corso la riunione dei cavalieri intorno a un lungo tavolo rettangolare. Irruppero nel grande salone a specchi e si presentarono immediatamente.

"Sono Ardemagno di Sveland e questi è il Barone Arsenìgo di Casteldaiano. Siamo qui per portare un importante messaggio del re."

Non erano certo nelle migliori condizioni per potersi presentare ad un consesso di nobili: tunica stracciata, scarpe malridotte, sporchi, avevano ben poco di un cavaliere. Riccardo di Cornovaglia, fratello di Enrico III d'Inghilterra, che era il nobile che conduceva la riunione, chiamò le guardie; ma prima che queste potessero arrivare, Ardemagno con una mossa felina tirò fuori dai suoi mutandoni la pergamena col sigillo del re, maleodorante, sporca ma col sigillo del re. A quella vista Riccardo, che era avvezzo ai sigilli reali, fermò le guardie e si fece consegnare la pergamena. Il sigillo era vero e lui lo conosceva bene. Riccardo lesse il documento a voce alta, sottolineando con enfasi la convocazione della dieta a Parigi e la parte in cui il re avrebbe assegnato una baronia in terra di Beziers al vincitore del torneo, che si sarebbe svolto in occasione della dieta. Il re, con un'abile mossa, aveva così colto due obbiettivi: attirare a sé la maggior parte dei nobili, proponendo un appezzamento di terra in Beziers al vincitore del torneo, e isolare il più riottoso e indisponente di tutti, il Marchese di Beziers. I nobili commentarono positivamente l'iniziativa del re, ad eccezione, ovviamente, di Beziers, che rimase sorpreso e sconcertato per la decisione del re. Riccardo volle verificare che le due persone, che aveva davanti, fossero cavalieri veri o se avessero rubato la pergamena ai veri cavalieri.

Si avvicinò ai due; vide ben chiaramente i loro volti arrostiti dal sole e, girando loro intorno, disse:

"Dunque voi siete due cavalieri veri, non due contadini."

"È così."

Il Conte di Villalba ritenne opportuno intervenire e invitò Riccardo a buttarli in prigione senza por tempo in mezzo. Ardemagno e Arsenìgo risposero infuriati a quelle parole, invitando Riccardo a mettere in prigione colui che dubitava della parola del re. Ma Riccardo, noto per la sua prudenza, volle approfondire.

"Dove son finite le vostre armature, i vostri cavalli?"

"Ce li hanno rubati ieri."

Si alzò un coro di scherni e di risate. Fu il Marchese di Beziers a dire:

"Ecco che, guardando voi, si capisce perché il re sia stato sconfitto dagli infedeli."

Ardemagno non si trattenne più e si scagliò verso il Marchese, colpendolo con un vigoroso pugno. Il Marchese barcollò e cadde a terra. Gli altri nobili si precipitarono su Ademagno e lo colpirono ripetutamente; Arsenìgo, si svincolò dalle guardie e si gettò nella mischia. Le guardie infine, riuscirono a separare i contendenti e a sedare la rissa. Ardemagno, con sdegno disse:

"Voglio un'ordalia."

"Anch'io." Aggiunse Arsenìgo.

L'ordalia era cosa estremamente seria, Riccardo pensò che, se i due fossero stati dei semplici contadini non avrebbero reagito in quel modo, per cui ordinò che l'indomani mattina ci sarebbe stato un duello non all'ultimo sangue, però, tra Arsenìgo di Casteldaiano contro il Conte di Villalba e tra Ardemagno di Sveland e contro il Marchese di Beziers. Chiamò le ancelle e ordinò loro di preparare un bagno per i due cavalieri e di rifocillarli per bene.

Arsenìgo ed Ardemagno, finalmente, dopo giorni di cavalcate poterono fare un bagno caldo rigenerativo e poterono rimpinzarsi a dovere. L'indomani mattina, all'alba erano già pronti per la sfida. Dovevano combattere così come erano arrivati, indossando una tunica nuova e pulita ma senza armatura. Combattere in condizioni di inferiorità era ammissibile, perché nell'ordalia era Dio che emetteva il giudizio. L'arrivo dei due aveva suscitato clamore nel castello e nei dintorni e la notizia si era diffusa a macchia d'olio, tanto che i contadini avevano cominciato presto al mattino a prendere posto in prima fila per godersi meglio lo spettacolo. Le dame di corte erano tutte eccitate all'idea di vedere due cavalieri che avevano combattuto contro gli infedeli in Terra Santa. Il suono delle trombe scandì l'avvio delle operazioni. Poiché le offese erano state reciproche, Riccardo stabilì, con equità, che al primo scontro sarebbe stato Villalba a scegliere la lancia per primo, mentre al secondo scontro sarebbe stato Ardemagno. Questo fatto indispettiva alquanto Beziers, perché sperava di essere lui il primo a scegliere la lancia, ritenendosi l'offeso. Il suo interesse a scegliere per primo aveva anche dei giustificati motivi, poco cavallereschi, in quanto aveva fatto manipolare le tre lance con i colori bianco e giallo del re, lasciandone intatte due, quella che portava i colori rosso e verde di Villalba e quella non dipinta, che appariva come la più povera; era un gioco sottile, basato sul fatto che, essendo così poco appariscente, la lancia non dipinta avrebbe sfigurato nei confronti con le altre che portavano i colori del re e, quindi, difficilmente sarebbe stata scelta dai suoi avversari. Villalba, come previsto da Beziers, scelse la lancia rossa e verde.

Arsenigo, non potendo indossare la sua preziosa armatura, rifiutò la lancia ma si fece consegnare una spada e uno scudo, presentandosi così, in modo piuttosto sguarnito, all'agone. La sua strana scelta suscitò nei nobili e nel popolino esclamazioni di stupore e meraviglia ma lui ben sapeva cosa stesse facendo.

Riccardo era, invece, preoccupato per quella inconsueta scelta, in quanto temeva per la vita del cavaliere del re.

I contendenti montarono a cavallo; quello di Villalba era il suo destriero preferito, fiero e altezzoso, di colore nero lucido, allevato con cura e avvezzo alle lotte e alle battaglie. Il cavallo di Arsenìgo era poco più che un ronzino, ma al cavaliere non importava, perché aveva studiato una tattica speciale.

I cavalieri diedero sprone ai loro cavalli e l'agone iniziò. Al momento dello scontro, però, le cose andarono solo parzialmente come previsto: Arsenìgo, stringendo fortemente le gambe sulla pancia del cavallo si inclinò verso destra coprendosi con lo scudo, così che la lancia di Villalba scivolò su di esso senza recargli danno; Arsenìgo diede uno strattone allo scudo verso l'alto mentre la lancia gli scorreva addosso così che i due cavalieri finirono entrambi per terra: Arsenìgo perché lo slancio verso destra era stato eccessivo e Villalba perché sbilanciato in avanti dall'assenza di scontro e dallo strattone dello scudo.

Arsenìgo cadendo, sbatté la testa e svenne. Villalba si rialzò zoppicando vistosamente per la botta subita dalla sua gamba sinistra nello sbattere a terra e si diresse minaccioso verso il suo avversario.

A questo punto intervenne Riccardo, che fermò Villalba e ordinò agli armigeri di portare fuori dal campo il cavaliere svenuto.

Si apprestò la seconda sfida. Ardemagno studiò una tattica leggermente diversa: rifiutò anch'egli di prendere la lancia e volle solo spada e scudo. Così, al momento dello scontro, anzi che piegarsi verso destra si piegò tutto all'indietro,

stringendo fortemente le gambe alla pancia del cavallo; tale mossa fece scivolare via la pericolosa lancia sullo scudo senza che lui ne subisse alcun danno. Lo sbilanciamento, però, lo fece cadere a terra, ma, a differenza di Arsenìgo, aspettandosi l'evento, fece in modo di ammorbidire la caduta. Beziers, portato lontano dalla furia del cavallo, fece marcia indietro e ritornò di gran carriera verso Ardemagno. Intanto, anche Villalba era entrato in campo; le regole dell'ingaggio non avevano previsto nulla in caso di due contro uno. Ardemagno si era fulmineamente alzato da terra e aspettava a piè fermo i suoi avversari. Beziers, per la smania di scendere dal cavallo in fretta, posò pesantemente a terra il piede sinistro e la caviglia ebbe una rotazione, che gli causò un forte dolore. Ardemagno li vide entrambi acciaccati e zoppicanti ma del tutto efficienti; decise allora di fuggire verso il lato del campo più lungo. Tutto il pubblico, che seguiva con fiato sospeso i duelli, sottolineando ogni mossa con cori di approvazione o diniego, questa volta rimase sconcertato e urlò peste e corna all'indirizzo di Ardemagno. Le dame di corte, che parteggiavano chiaramente per i due cavalieri del re, si sentirono sconfortate da quella fuga ed emisero suoni e gemiti di disappunto. I nobili, invece, se la ridevano contenti, a conferma che quegli strani tipi erano dei formidabili felloni.
La fuga di Ardemagno non fu solitaria. Villalba e Beziers lo inseguirono, come poterono, cioè vistosamente zoppicando e ansimando per il peso delle loro armature. Giunto alla fine del campo, Ardemagno si fermò, si voltò e, con sguardo minaccioso, si diresse deciso verso il più vicino dei due, che era Villalba. Lo colpì facilmente in testa con la spada di piatto, solo per stordire, non per uccidere; poi si diresse veloce verso Beziers; un sol colpo anche qui e Beziers

stramazzò a terra svenuto. Gli armigeri entrarono in campo per portare immediato soccorso ai due malridotti cavalieri. Ardemagno, insieme ad Arsenìgo, che si era risvegliato appena in tempo per vedere l'esito della lotta, si recò in mezzo al campo, con la spada e le braccia al cielo, per ricevere l'urlo di approvazione e l'abbraccio della folla. Poi, si recò a rendere omaggio a Riccardo e disse:

"Questa è la legge di Dio e del re."

Le dame di corte applaudirono vistosamente e calorosamente; i nobili, indispettiti da quella vittoria, fecero buon viso a cattiva sorte. Riccardo, rese gloria ai vincitori:

"Siano aperte le danze e siano festeggiati i cavalieri del re."

© Philobiblon

Premio Letterario Italia Medievale per racconti inediti

Quam meritorium sit libros novos scribere et veteres renovare.

Il © Premio Letterario Italia Medievale è un'iniziativa dell'Associazione Culturale Italia Medievale ed è riservato a racconti brevi e inediti liberamente ispirati al Medioevo.

Il titolo che abbiamo scelto per il © Premio Letterario Italia Medievale è quello di un'opera di Riccardo di Bury (1287-1345), monaco benedettino inglese, cancelliere del re Edoardo III, di cui fu precettore. Appena un anno prima di morire aveva terminato il *Philobiblon*, testo scritto in latino che gli avrebbe assicurato la riconoscenza e l'affetto di generazioni di bibliofili, un trattatello morale in lode alla lettura e manuale di bibliofilia dedicato alla scelta, al reperimento, alla conservazione dei libri.

Questo volumetto contiene i tre racconti vincitori della sedicesima edizione 2021 del Premio e alcuni altri tra quelli partecipanti.

Italia Medievale © 2022
www.italiamedievale.org

SOMMARIO

www.ingramcontent.com/pod-product-compliance
Lightning Source LLC
Chambersburg PA
CBHW070505220526
45467CB00002B/584